D'heins

Regio-Tipps

Band 3

W0241822

Ausgesuchte und
Ausflugsziele in
und weitere
Bonner Umgebung – vorg… …t von
Werner P. D'hein

BOUVIER

General-Anzeiger

Über den Autor

Werner P. D'hein, Jahrgang 1939, gilt als ausgezeichneter Kenner der Region. Der gebürtige Bonner mit Eifler Vorfahren ist geprägt von enger Liebe zur rheinischen Heimat. Viel Freizeit verbringt er mit Notizblock und Kamera bei der Erkundung von Sehenswertem rund um Bonn.

D'hein studierte Geschichte, Politik und Englisch in Bonn, wirkte als Journalist bei den Bonner Regionalzeitungen und später als politischer Korrespondent beim „Stern", bevor er 1983 Sprecher der Stadt Bonn, Direktor des Presseamtes und Co-Dezernent für den Bereich Kommunikation wurde. Seit 2000 ist er im Ruhestand und betätigt sich als freier Autor. U.a. erscheinen regelmäßig seine „Regio-Tipps" und seine „*Werner*"-Kolumne im Bonner *General-Anzeiger*.

Impressum

Herausgeber:
BOUVIER VERLAG, Bonn; General-Anzeiger, Bonn

Druck:
Druckerei Plump, Rheinbreitbach

Gestaltung und Seitenherstellung:
Klaus Bertelmann (VECTUR & ICON), Bonn

Alle Angaben wurden nach bestem Wissen recherchiert. Sollten sich dennoch Fehler eingeschlichen haben, bitten wir um Entschuldigung und Benachrichtigung. Für Fehler übernimmt der Verlag keine Haftung.

Alle Rechte vorbehalten. Ohne ausdrückliche Genehmigung der Herausgeber ist es nicht gestattet, das Buch oder Teile daraus zu vervielfältigen oder auf Datenträger aufzuzeichnen.

Werner P. D'hein / Regio-Tipps
Bonn: Bouvier / General-Anzeiger, 2008
ISBN 978-3-416-03222-3

Vorwort

Wie kommen Sie immer wieder auf neue Ziele? Diese Frage wird mir oft gestellt. Die Antwort ist eigentlich einfach: Kaum eine Region in Deutschland ist so reich an Sehens- und Erlebenswertem wie unsere hier. Man muss ein offenes Auge haben für die vielen großen und kleinen Kostbarkeiten an Rhein und Mosel, Sieg und Ahr, in der Eifel, im Westerwald oder im Bergischem Land - und schon erschließen sich einem neue Abenteuer. Das wissen die meisten Einheimischen. Aber auch jeder Zugezogene, den ich kennen gelernt habe, ist schnell voller Begeisterung über diese vom Schöpfer begnadete Landschaft.

In diesem dritten Band von „D'heins Regiotipps" sind wieder über 60 neue Ausflugsratschläge in Text und Bild zusammengefasst, die in Wochenend-Ausgaben des Bonner General-Anzeigers erschienen sind. Damit kann eine Buch-Serie fortgesetzt werden, die bislang auf ein außerordentlich großes Interesse gestoßen ist. Ich freue mich sehr über den Erfolg der ersten beiden, auch weiterhin verfügbaren Führer - und wünsche dieses Interesse natürlich auch dieser Ausgabe. Mein besonderer Dank gilt wiederum Heinz Dietl für die hervorragende redaktionelle Betreuung meiner „Regiotipps" im General-Anzeiger.

Steigen Sie wieder ein mit mir in eine wunderbare Welt, in Jahrmillionen geformt und geprägt von den nie versiegenden Kräften der Natur. Erforschen Sie die Zeugnisse der Baukunst aus Mittelalter, Barock und Neuzeit, erkunden Sie die Vielfalt der Kulturdenkmäler dieser Region, lassen Sie sich hineinführen in die bunten historischen Zusammenhänge.

Entdecken Sie ihre alte oder neue Heimat neu!

Ihr Werner P. D'hein

Am Rhein

An der Sieg

An der Lahn

Voreifel

An der Ahr

An der Mosel

Vulkaneifel

Vulkaneifel

Westeifel

Westerwald

Bergisches Land

Unweit von Dormagen begeistert das Kloster Knechtsteden die Besucher

Gedicht aus Stein

Spektakulärer Sakralbau: die Basilika von Knechtsteden (oben und rechts)

Sie sei „ein Gedicht aus Stein“, schrieb ein Besucher ins Gästebuch. Die Begeisterung über die Basilika von Knechtsteden ist verständlich, wird die romanische Abteikirche unweit von Dormagen doch zu den sehenswertesten Sakralbauten im Rheinland gerechnet. Sie ist zugleich Zentrum einer ausgedehnten Klosterlandschaft, die zum Spaziergang einlädt.

Schon von Weitem grüßt die Drei-Türme-Silhouette des mächtigen Gotteshauses, mit dessen Bau Prämonstratenser-Mönche 1138 begannen, nachdem sie ein Jahrzehnt vorher vom Kölner Domdekan Hugo von Sponheim den Frohnhof Knechtsteden als Stiftung für eine Klostergründung erhalten hatten. Der Reform-Orden breitete sich von Frankreich ins heutige Deutschland aus, so ist das Bauwerk vom Stil her eine außerordentlich gelungene französisch-rheinische Mischung.

Eine Reihe von Besonderheiten zeichnen die Basilika aus: Sie hat zwei Chöre, im Osten für die Mönche, im Westen für die Gottesdienste des gemeinen Volkes. Sie wird von starken und schlanken Säulen im Wechsel getragen – als „Knechtstedener System“ im 12./13, Jahrhundert vielfach nachgebaut. Und diese Pfeiler sind alle mit unterschiedlichen Kapitellen geschmückt, die immer kunstvoller werden, je näher sie dem Hauptaltar im Ostchor stehen.

Kunsthistorisch höchst wichtig ist ein gut erhaltenes Wandgemälde aus dem 12. Jahrhundert, das die gesamte Westapsis füllt und, so war es damals gedacht, den des Lesens unkundigen Gläubigen Motive aus dem Leben Christi erzählt. Das Fresko war bei Barockisierungen im 17./18. Jahrhundert hinter Stuck verschwunden, bis es 1882 bei

Restaurierungsarbeiten – eine kleine Sensation – wieder entdeckt und aufgearbeitet wurde. Das war „einer der ersten Erfolge der rheinische Denkmalpflege“, wie Pater Heinz Sand in einer Klosterbroschüre (in der Basilika aufliegend) festhält.

Dass dieses Wandgemälde die Jahrhunderte überstand, ist besonders erstaunlich, weil Kirche und Klostergebäude mehrfach bei Kriegen und Feuern arg beschädigt wurden. Den letzten Großbrand 1869, der nur noch Ruinen übrig ließ, erlebten die Prämonstratenser nicht mehr: Sie waren 1801 vor Napoleons Truppen geflohen und im Zuge der Säkularisation enteignet worden.

Private Bauvereine ließen die Basilika neu erstehen. 1895 übernahmen die Spirituaner-Missionare die gesamte Anlage und machten sie 1996 zu ihrer Deutschland-Zentrale. Der Ordensobere residiert im ehemaligen Abtsgebäude, von dem die barocke Fassade ins Auge fällt.

Anfahrt: *A 555, Kölner Westring (A4/A1), A 57 Richtung Düsseldorf, Abfahrt Dormagen, Richtung Rommerskirchen, hinter Delhoven rechts abbiegen zum Kloster Knechtsteden (ausgeschildert, großer Parkplatz) Dormagen ist Bahnstation zwischen Köln und Neuß (S11), Busverbindungen nach Knechtsteden*

Einkehrtipp: *Im „Klosterhof“ in der Nähe der barocken Toranlage wird „Knechstedener Schwarzbier“ serviert*

Weitere Infos: *Tourist-Info Schloßstraße 2-4, 41541 Dormagen, Tel. (02133) 25 76 84; tourismus@stadt-dormagen.de; www.stadt-dormagen.de; www.spiritaner.de/knechtsteden*

Auf der Museumsinsel Hombroich finden Natur und Kultur zu einem Gesamtkunstwerk zusammen

Neun Männer im Wald

Stramm und stumm stehen die Soldaten im Wald. Nichts kann die Truppe aus der Ruhe bringen. So wollte es Anatol Herzfeld, der Künstler-Kauz. Seine klobigen Hände schufen die wuchtigen Gestalten. Die neun Eisenmänner gehören zu den meistfotografierten Attraktionen im Open-Air-Museum auf der Insel Hombroich bei Neuß. Wenn Anatol, der Beuys-Schüler, vor seiner alten Scheune meißelt, hämmert

Strenge Kunst, verspielte Landschaft: Die Eisenmänner von Anatol Herzfeld

Umfließt die Museumsinsel: Blick auf die Erft

oder schweißt, hat er keinen Blick für Neugierige. Der Meister ist bei der Arbeit, einfach so, Bestandteil des einzigartigen Gesamtkunstwerks „Natur und Kultur" zwischen den Wassern der Erft.

Die Museumsinsel Hombroich ist der erfüllte Lebenstraum eines ungewöhnlichen Mäzens. Der Düsseldorfer Immobilienkaufmann und Kunstsammler Karl-Heinrich Müller kaufte in den achtziger Jahren die 20 Hektar Brach- und Ackerland samt einem verwilderten Park und einer Industriellen-Villa, ließ den Landschaftsgestalter Bernhard Korte die Erftauen renaturieren und den Bildhauer Erwin Heerich elf Pavillon-Skulpturen mitten hinein in Wald und Wiese bauen. Die lichtdurchfluteten Steinhüllen füllte Müller mit seinen umfangreichen Sammlungen – antike asiatische, afrikanische und südamerikanische Werke im eigenwilligen Dialog mit dem Schaffen der Modernen, frühes China und Skizzen von Lovis Corinth, Köpfe der Khmer und Radierungen von

Chillida, Federkleider aus Peru und Kissen von Gotthard Graubner. Künstler, die wie Anatol Herzfeld auf der Insel zu Hause sind, schufen die Exponate, die den Besucher draußen zwischen Pappeln und Weiden, Ginster und Rhododendron überraschen, während die Frösche in den Tümpeln ihr Konzert anstimmen.

Auf verschlungenen Pfaden erobern die Besucher Natur und Kunst im Zweierpack. Wie, ist ihnen überlassen. Erklärungen finden sich nirgendwo, Wächter auch nicht. Zur Stärkung gibt es Schmalzbrot, Rosinenstollen, Pellkartoffel und hart gekochte Eier in der Cafeteria – im Eintrittspreis inbegriffen.

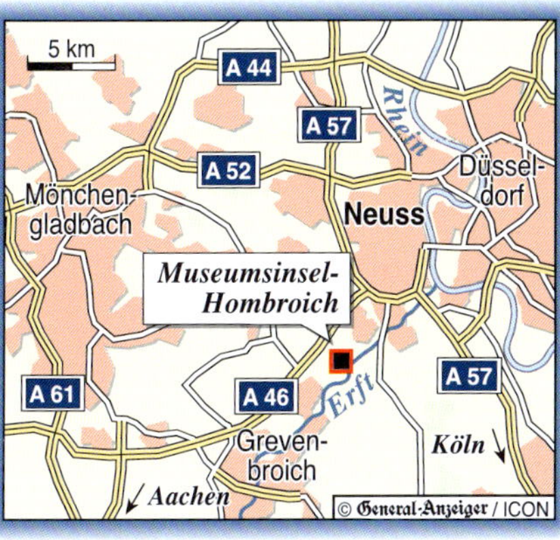

Anfahrt: *Mit der* ***Bahn*** *bis Neuss, Buslinien 869 und 877 ab Neuss Busbahnhof. Mit dem* ***Auto*** *über den Kölner Westring zur A 57 Richtung Düsseldorf/Neuss bis Abfahrt Neuss-Reuschenberg, den braunen Schildern mit Aufschrift Museum Insel Hombroich folgen*

Öffnungszeiten: *Täglich, auch montags, 1. April bis 30. September 10-19h, 1. bis 31. Oktober 10-18h, 1. November bis 31. März 10-17h, geschlossen am 24. und 25. Dezember sowie Sylvester und Neujahr. Die Besucher können in den Sommermonaten bis 21 Uhr im Parkgelände bleiben*

Eintrittspreise: *Montags bis freitags 10 Euro für Erwachsene (erm. 5), samstags und sonntags/feiertags 15 Euro (erm. 7); Kinder unter 6 Jahren frei*

Weitere Infos: *Stiftung Insel Hombroich 41472 Neuss-Holzheim Tel. (02182) 2094, Fax (02182) 1229*
stiftung@inselhombroich.de
www.inselhombroich.de www.langenfoundation.de

Die Stadt Zons bei Dormagen hat ihren mittelalterlichen Charakter bis heute bewahrt

Laune der Natur

Nicht ungern hören sie das Synonym vom „rheinischen Rothenburg". Tatsächlich ist Zons die am besten erhaltene befestigte Stadt am Strom. Tore und Türme, Mauern und Gräben der einstigen stolzen Zollfestung der Kölner Kurfürsten haben Kriege, Brände und Hochwasserkatastrophen überstanden. Kein Wunder, dass der Ort heute von den Touristen erobert wird.

Charme der Geschichte: Das Stadttor von Zons (links) und der „Juddeturm“ (oben)

Eine Rhein-Festung ohne Rhein – wie das? Verwirrt registriert der Besucher zunächst einmal, dass der rundum bewehrte Ort zwar ein „Rheintor“ hat, aber vom Fluss nichts zu sehen ist. Als der Kölner Erzbischof Friedrich III. von Saarwerden seinen für ihn höchst lukrativen Flusszoll von Neuss nach Zons verlegte, strömte der Rhein noch unmittelbar an der Siedlung vorbei, zu der damals eine kurfürstliche Burg gehörte. Pech, dass sich das eigenwillige Gewässer Ende des 14. Jahrhunderts sein Bett einige hundert Meter weiter östlich suchte.

Doch das einst keltische „Zuonozo“ überlebte diese Laune der Natur, blühte als eine Art Sommerresidenz der Kölner Kirchenfürsten und war deshalb ein ständiger Zankapfel unter den jeweiligen Potentaten zwischen Köln und Klewe.

Die Mauern wurden vom burgundischen Herzog Karl dem Kühnen und von König Ludwig XIV. belagert, hielten hessischen Truppen stand, erlebten österreichische und spanische Besatzungen, wurden von wütenden Kölnern gebrandschatzt und gerieten schließlich 1815 unter preußische Herrschaft.

Seinen mittelalterlichen Charakter hat Zons bis heute hegen und pflegen können: enge Straßen und Gassen, dann die zum Schloss mutierte Burg mit dem „Knechtehaus", das kurfürstliche Zollhaus (14. Jh.), die Windmühle (15. Jh.), der eindrucksvolle „Juddeturm" mit der später hinzugefügten barocken Haube. Oder das Gefängnis im „Krötschenturm", die Wachtürmchen („Pfefferbüchsen") und die bis zu 400 Jahre alten Häuser, besonders in der idyllischen Rheinstraße. Zahlreiche Cafés und Restaurants mit historischem Ambiente laden zur Einkehr ein.

Eine 400 Jahre alte Haustür

Anfahrt: *A 555, Kölner Westring (A4/A1), A 57 Richtung Düsseldorf, Abfahrt Dormagen/Zons, ab dort Wegweisung folgen, Großparkplatz am Rheintor ausgeschildert*

Tipp: *Info-Broschüre mit Rundgang-Beschreibung in der Tourist-Info gegen Schutzgebühr*

Weitere Infos: *Tourist-Info, Schloßstraße 2-4*
41541 Dormagen, Tel. (02133) 25 76 84
tourismus@stadt-dormagen.de
www.dormagen.de

Der Stenzelberg im Siebengebirge ist ein eindrucksvolles Zeugnis vulkanischer Tätigkeit

Schlanke Säulen

Empfehlenswerter Rundweg: Wanderer am Stenzelberg

Hätten nicht unsere Vorfahren den Berg ausgebeutet, hätten wir heu-te nicht diesen imposanten Blick in die Erd-Vergangenheit. Vor 25 bis 30 Millionen Jahren wütete der Siebengebirgsvulkan, veränderte die Landschaft, hinterließ vielfältige Gesteinsformationen. Von Quarz-Latit sprechen die Fachleute, einem Konglomerat von Feldspat, Quarz und auffallend schwarzen Einsprenglingen („Hornblenden").

Die industrielle Entwicklung und der Naturschutz setzten dem Abbau dieses seltenen Steins zu Beginn des vergangenen Jahrhunderts ein Ende. Es blieb eine zerklüftete Vulkan-

Ruine: senkrecht abfallende Wände, freistehende schlanke, bis 20 Meter hohe zylindrische Säulen.

Jahrzehnte war der Stenzelberg eine Mekka für Kletterer. „Campanile Basso“ nennen sie den mächtigsten Felsturm am Berg. Nachdem sich Alpenverein und Naturschutzbehörden nicht auf einen Duldungsmodus einigen konnten, ist es nunmehr gänzlich verboten, mit Seil und Haken oder auch nur mit Händen und Füßen die Wände des Stenzelbergs zu bezwingen. Amateur-Geologen ist es hingegen schon mehr als 80 Jahre lang untersagt, Gesteinsproben einzusammeln oder nach fossilen Einschlüssen zu suchen.

Der strenge Schutz macht das abenteuerliche, von einigen wenigen Wanderwegen erschlossene Gelände zu einem Rückzugsgebiet für Pflanzen und Kleintiere. In Felsspalten, auf Geröllhalden, in Magerrasen und Gebüschen finden sich Seltenheiten wie Steppen-Grashüpfer, Brauner Feuerfalter oder Schwalbenschwanz, Sudenten-Sitzmoos, Acker-Filzkraut oder das Nickende Leimkraut.

Wer Geduld mitbringt, kann an Sonnentagen Eidechsen beobachten – darunter auch die Mauereidechse, die am Stenzelberg ihre nördliche Verbreitungsgrenze erreicht hat und auf der „Roten Liste“ der vom Aussterben bedrohten Tierarten steht.

Anfahrt: *Mit dem* ***Auto*** *B 42 bis Niederdollendorf, von dort Richtung Thomasberg zum Wanderparkplatz „Im Mantel“ (rechts der Straße) kurz vor Heisterbacherrott*
Mit der ***Stadtbahn*** *66 bis Oderdollendorf, von dort mit Bus 521 bis Haltestelle „Verschönerungsverein“ am Wanderparkplatz*
Weg-Tipp *(4 km): vom Wanderparkplatz auf asphaltierter Waldstraße bergauf, an der ersten Möglichkeit links auf den ausgeschilderten Rundweg Stenzelberg*
Gastronomie: *Einkehrhaus am Rundweg(Di Ruhetag)*
Weitere Infos: *Tourismus Siebengebirge, Tel. (02223) 91 77 111, www.siebengebirge.de*

Auf dem Oelberg im Siebengebirge gibt es den besten Blick auf Bonn und das Rheintal

Zum Greifen nah

Wer Bonn und seine Umgebung in berauschender Schönheit genießen will und sich einen Rundflug nicht leisten kann, dem sei der Aufstieg auf den Oelberg empfohlen. Das Panorama ist überwältigend. Tief unten im Tal der sanft mäandernde Rhein und die lang gestreckte Stadtlandschaft, aus der die Godesburg eher bescheiden und der Posttower frech-dominant herausragen.

Rundum grüßt majestätisches Bergland: Zum Greifen nah Drachenfels, Petersberg und Wolkenburg, in der Ferne die

Lohnender Ausblick: Der halbstündige Aufstieg auf den Oelberg wird mit einem grandiosen Blick aufs Rheintal belohnt

Eifel mit ihrer höchsten Kuppe, der Hohen Acht. Aber auch der Westerwald und sogar die ersten Taunushöhen kommen ins Blickfeld. Unübersehbar ist die Grenze zwischen der romantischen mittelrheinischen Berglandschaft und der niederrheinischen Ebene, die an Bonns nördlicher Grenze mit der Kölner Bucht beginnt. Bei klarer Sicht sind sogar die Türme des Kölner Doms auszumachen.

Der Oelberg ist der Höchste im Siebengebirge. 461 Meter zeigt der Höhenmesser, wenn die 130 Meter Differenz vom Startpunkt Margarethenhöhe nach einer halben Stunde Aufstieg überwunden sind. Auf dem befestigten Fahrweg ist das weniger mühsam als auf dem steilen Pfad, der mit dem Rheinsteig-Symbol gekennzeichnet ist.

Mit „Öl" hat sein Name nichts zu tun, schon gar nicht mit dem Ölberg in Jerusalem. Die Franken sprachen vom „Auelberg", ihrer Gerichtsstätte im „Auelgau", den sie im 5. Jahrhundert erobert hatten. Daher leitet sich die heute korrekte Schreibweise mit „oe" ab. Vor den Franken hat der Berg die Römer und davor die Kelten gesehen, wie Bergbauspuren und Münzfunde vermuten lassen.

Vulkanausbrüche vor etwa 25 Millionen Jahren haben den Oelberg und das übrige Siebengebirge mit seinen 40 Bergen und Anhöhen hinterlassen. „Sieben“ kommt hier wohl von „Siefen“ (feuchtes Bachtal). Die Erhebungen hören auf so schöne Namen wie Nonnenstromberg, Jungfernhardt, Großer Breiberg oder Himmerich, in Volkes Mund der „Riesenschiss“, immerhin 366 Meter hoch.

1922 kam das Siebengebirge unter Naturschutz, der Raubbau in den Steinbrüchen wurde damit endgültig unterbunden. 1971 folgte die Adelung mit dem Europäischen Diplom für geschützte Gebiete, das von da an alle fünf Jahre erneuert wurde. Daran erinnert eine Bronzetafel neben dem einladenden Restaurant auf dem Gipfel des Oelbergs. In Planung ist die Ausweisung zum Nationalpark.

Der weithin sichtbare Sendemast versorgte früher die Region mit den Programmen von ZDF und WDR, heute strahlt von hier aus Radio Bonn/Rhein-Sieg ins Land.

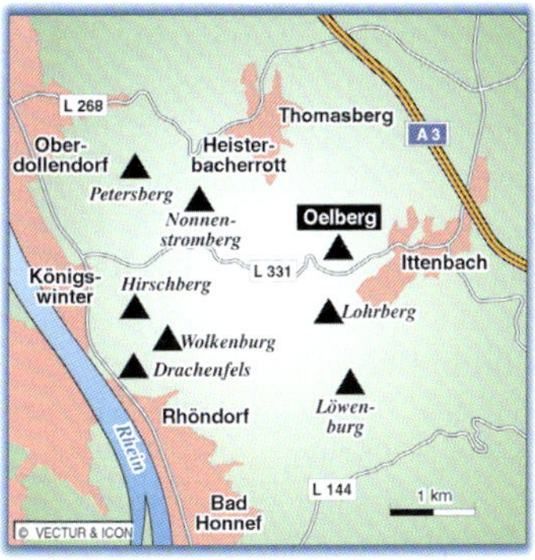

***Anfahrt**: Mit der **Stadtbahn** 66 bis Königswinter, Clemens-August-Straße, weiter mit Bus 520 (Fahrtrichtung Ittenbach!), oder mit der DB bis Königswinter, vom Bahnhof weiter mit Bus 520, jeweils bis Margarethenhöhe*

*Mit dem **Auto** B 42 bis Abfahrt Königswinter, von dort Richtung Ittenbach, bis zum Parkplatz links der Margarethenhöhe*

***Tipps**: Einkehrmöglichkeit im Gipfelrestaurant mit Freiterrasse (Mo Ruhetag)*

Besuch des Naturparkhauses auf der Margarethenhöhe: Di-Fr 9-16h, Sa 15-17h, So 12-16h; Eintritt 1,50 Euro, erm. 0,50 Euro, Kinder bis 6 J. frei

***Weitere Infos:** Tourismus Siebengebirge*
Drachenfelstraße 51, 53639 Königswinter
Tel. (02223) 917711
info@siebengebirge.com
www.siebengebirge.com
www.naturpark.de

„Adeline" aus Königswinter tuckert nun durch Amsterdam

Die Lust mit 4 PS

Wer in Amsterdam an Bord der „Adeline" geht, darf sich wundern, wenn ihm das Logo „Jean Stauf Schiffswerft – Erste und aelteste Motorbootsbauerei Koenigswinter" und das Wappen der Stadt am Drachenfels entgegen leuchten. Liebevoll und aufwändig von der Reederei Belle restauriert, gleitet das Schiffchen von 1926 durch die Grachten der niederländischen Metropole, ein überlebendes Zeugnis einer einst großen Königswinterer Tradition, dem Lokalbootbau und der Ausflugsschifffahrt. Diesem Erwerbszweig gilt eine interessante Abteilung im städtischen Siebengebirgsmuseum (neben u.a. Weinbau, Steinmetzhandwerk, Rheinromantik und rund um Heisterbach).

Stolz des Hauses ist ein Petroleum-Motor. Er trieb die „Margarethe" mit mageren 4 PS gegen die Strömung, mehr Nachen noch als Schiff, 1892 aus der Werkstatt des Schlossermeisters Jean Schmitz zu Wasser gelassen. Auftraggeber war der betuchte Pensionär Arnold Passmann. Er witterte – zu Recht, wie sich herausstellen sollte – ein Geschäft darin, in die aufgeblühte Rheinromantik verliebte Touristen entlang der Siebengebirgskulisse zu schaukeln. Die motorisierte „Lustschiffahrt" auf Deutschlands größtem Fluss war geboren.

1902 gründete Jean Stauf, bis dahin Geselle bei Schmitz, einen eigenen Betrieb, klaute seinem Meister den Titel „älteste Werft" und begann die Serienproduktion der plötzlich im ganzen Land und darüber hinaus gefragten „Bötchen". Stauf und seine Nachkommen werden an die 500 Personenschiffe gebaut haben. Sie fuhren (und fahren zum Teil noch) wie die Produkte zwei weiterer, kleinerer Königswinterer Werften (Lemmerz und Giesen) auf Flüssen, Kanälen, Seen und Talsperren, leisteten im Ersten Weltkrieg für Patrouillenfahrten und Verwundetentransporte zwangsweise Militärdienst, wurden sogar als „Missionsboote" nach Südamerika geliefert.

Schiffsbau in Königswinter – dokumentiert im Siebengebirgsmuseum

Einher ging am Siebengebirge ein wahrer Boom des Wassertourismus. Dokumente im Museum zeugen vom Kampf der Bootseigner untereinander und gegen die neue Großkonkurrenz „Köln-Düsseldorfer" um die Passagiere in den 1920er und 1930er Jahren, Handgreiflichkeiten inclusive. Immerhin war die Zahl der allein in Königswinter stationierten Boote bis 1939 auf 20 gestiegen! Und auch noch in den ersten Nachkriegs-D-Mark-Jahren knubbelten sich unübersehbare Menschenmassen an den Anlegestellen am Fuß des Drachenfels, wie alte Fotos zeigen.

1967 stellte die Firma Stauf den Betrieb ein. 1997 verstarb Theodorf Stauf, der Enkel des Firmengründers, der Letzte eines untergegangenen einheimischen Gewerbes. „Bötchen" gibt es noch drei an Königswinterer Steigern.

Anfahrt:

*Mit der **Stadtbahn** bis Königswinter-Fähre, mit der Deutschen Bahn, mit **Auto** über die B 42 oder zur Abwechslung mal mit dem Rad dem Rhein entlang (mal rechts, mal links dank Fähre). Museum vom Rheinufer und von der Hauptstraße (Fußgängerzone) ausgeschildert*

Geöffnet 1. April - 15. Okt. täglich außer Mo 14-17 Uhr, zus. Mi bis 19 Uhr, So ab 11 Uhr; 16. Okt.-31. März nur Mi 14-19 sowie Sa/So 14-17 Uhr; Eintritt 2 Euro, erm. 1 Euro

Buchtipp: „2000 Jahre Schiffahrt am Siebengebirge" von Frieder Berres, erhältlich u.a. im Museum, 12,75 Euro)

***Weitere Infos:** Siebengebirgsmuseum, Kellerstraße 16, 53639 Königswinter; Tel. (02223) 3703, info@siebengebirgsmuseum.de www.siebengebirgsmuseum.de*

Im Bundeskanzler-Adenauer-Haus am Fuße des Drachenfels wird an den Politiker und den Menschen erinnert

Der Alte von Rhöndorf

Konrad Adenauer pur und hautnah. Wer dem „Alten von Rhöndorf" näher kommen will, ist in der Gedenkstätte am Fuß des Drachenfels richtig. Adenauer, der gewiefte Kölner Kommunalpolitiker, der preußische Staatsratsvorsitzende, der von den Nazis Geschasste und Verfolgte, der in alle Geschichtsbücher eingegangene erste Regierungschef der jungen Bundesrepublik Deutschland, der große Europäer. Aber auch: Adenauer, der Mensch – der Sohn, der Familienvater, der Erfinder, der Rosenfreund, der Visionär, der Philosoph.

Die ganze Bandbreite eines ungewöhnlichen Rheinländers wird fassbar im „Bundeskanzler-Adenauer-Haus" in Bad Honnef-Rhöndorf. In der Ausstellung im modernen Museumsbau werden zugleich vier Epochen deutscher Geschichte lebendig, dargestellt anhand von Schriftstücken, Fotos und Exponaten aus dem Nachlass des 1967 mit 91 Jahren verstorbenen Politikers.

Original-Zitate aus Adenauers Reden, Interviews und Memoiren führen den Besucher durch Kaiserzeit, Weimarer Republik, Naziregime und den Neuanfang nach dem Zweiten Weltkrieg („Ära Adenauer"). Ein langer Weg, begonnen am 6. Januar 1876, den der Kölner Standesbeamte als Geburtstag des Sohnes von „Appellationsgerichts Secretair und Lieutenant außer Dienst Johann Conrad Adenauer“ unter der Registernummer 90 bescheinigte. Und endend mit einem bei vielen Älteren unserer Region in Erinnerung gebliebenen Abschiedszeremoniell mit der letzten Fahrt auf dem Rhein und der Aufbahrung mit Staatsakt im Kölner Dom. Schleifen von den Kränzen am Grab auf dem Rhöndorfer Waldfriedhof dokumentieren die Wertschätzung, die Adenauer bei Freund und Feind genoss, von den „American Indians“ bis „Rudolf Augstein“, von der Gemeinschaft „Spanischer Gastarbeiter“ bis zur „Ritterschaft des Ordens pour le Mérite“. 54 dekorative Auszeichnungen des Kanzlers blieben erhalten, darunter der Päpstliche Christusorden, den außer Adenauer nur ein zweiter Deutscher, nämlich Bismarck, tragen durfte.

Die ergreifendsten Dokumente sind die aus der Zeit des Naziterrors, etwa jenes erbärmliche Schreiben des Dr. Günter Riesen, Adenauers Nachfolger auf dem Kölner Oberbürgermeister-Stuhl, der seinen Vorgänger gleich sechsmal als „Verbrecher“ bezeichnet und dessen Umschlag der Verfemte eigen-

Zu Hause in Rhöndorf: Adenauers privates Domizil

Zu Hause in der Welt: historisches Foto von der Abschiedsparade 1963 in Wunstorf

händig als „Verbrecherbrief“ gezeichnet hat. Höhepunkt des Besuchs in der Rhöndorfer Gedenkstätte ist der Aufstieg in das Wohnhaus der Adenauers, 1937 bezogen, mit seinem Orginal-Inventar und dem exotischen Garten mit den vom „Alten“ so geliebten Rosen.

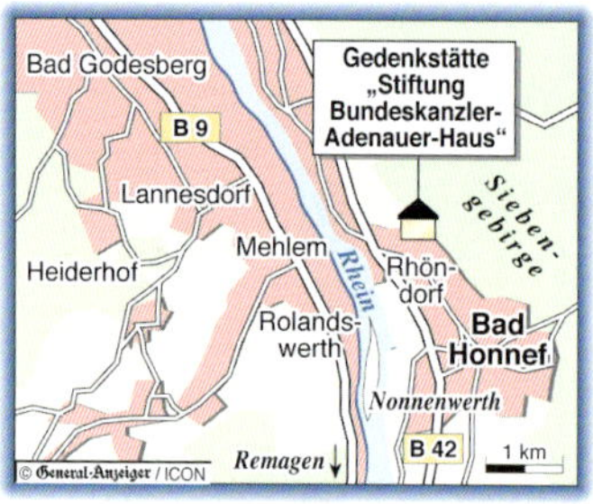

*Anfahrt: Mit der **Stadtbahnlinie** 66 bis Bad Honnef-Rhöndorf, von dort 10 Min. Fußweg*
*Mit dem **Auto**: A 59 / B 42 bis Ausfahrt Rhöndorf, in der Ortsmitte Parkplatz „Adenauerhaus“ oder kurz vor der Kapelle links ab bis Parkplatz „Zippchen“, von dort jeweils kurzer Fußweg*
Öffnungszeiten: Di-So 10-16.30h, Mo geschlossen; Führungen zum Wohnhaus jeweils nach Bedarf, Eintritt frei
***Weitere Infos:** Stiftung, Konrad-Adenauer-Straße 8c, 53581 Bad Honnef, Tel. (02224) 9210, Fax (02224) 921111*
stiftung@adenauerhaus.de
www.adenauerhaus.de, www.honnef.net/tourismus/adenauer

Die Stadt Bad Breisig steckt voller Überraschungen

Damenstift am Rhein

Auch das gab es im Mittelalter: Frauen regierten ein Territorium am Rhein. Ab 1.000 n.Chr. gehörte das „Breisiger Ländchen" zum „kaiserlich freiweltlichen Damenstift zu Essen". Die vornehmen Herrinnen standen ihren männlichen Nachbarregenten offenbar in nichts nach. 1280 ließ Äbtissin Berta von Arnsberg Graben und Ringmauer um das Besitztum ziehen. Das noch erhaltene Zollhaus (um 1500) an der Eulengasse zeugt von der Geschäftstüchtigkeit der geistlichen Feudal-Damen.

Breisig, wegen seiner Thermalquellen seit 1958 „Bad", steckt voller Überraschungen, und das nicht nur zur Sommerzeit, wenn die Rheinpromenade brummt. Der Templerhof (Koblenzer Straße/Tempelgasse), 1215 erstmals als Besitz des wehrhaften Ritterordens urkundlich erwähnt, ist das älteste Gebäude, zerstört im 30-jährigen Krieg, 1657 wieder aufgebaut. 1670 entstand das Haus des Schultheißen (damals eine Art Bürgermeister) Wilhelm von

Das barocke Innere der Marienkirche stammt fast ausschließlich aus der Zeit ihrer Erbauung

Geschichte im Keller und in der Gasse: Das 1670 erbaute Haus des Schultheißen in der Biergasse (rechts), das ehemalige Kurhaus mit einem Keller aus Freimaurerzeiten (oben)

Gemütliche Gastlichkeit in traditionreichen Häusern

Meurer in der engen Biergasse 28 mit seinem Renaissance-Giebel.

Die dominierende Marienkirche von 1718 besticht durch eine reiche barocke Innenausstattung, die nahe ausschließlich aus der Zeit der Erbauung stammt, eine Seltenheit in dieser Vollständigkeit. Echten Jugendstil bezeugt das Mausoleum der Kölner Hutfabrikanten-Familie Mertés auf dem Friedhof am Ortsausgang Richtung Koblenz. Das ehemalige Kurhaus schließlich stammt aus den 1920er Jahren. Es steht auf einem Terrassen-Keller, in dem 1876 Freimaurer ein Erholungsheim für die Logenbrüder aus der Region eingerichtet hatten. Der Kurpark erfreut mit einer Reihe alter, exotischer Bäume.

400 historische Puppen sind in einem Spezialmuseum im Alten Rathaus von 1873 zu sehen. Nicht nur Kinder können sich über die bunten Geschöpfe freuen, die zwischen Puppenhäusern, Bauernhöfen und anderem Spielzeug ausgestellt sind. Das Ikonenmuseum schließlich, eine weitere Breisiger Rarität, wartet mit Exponaten aus drei Jahrhunderten aus fünf osteuropäischen Ländern und dem christlichen Äthiopien auf. Beide Museen werden von privater Hand gepflegt und am Leben gehalten.

Anfahrt: *Mit der **Bahn** zweimal pro Stunde auf der linksrheinischen Strecke*
*Mit dem **Auto** auf der B 9, Richtung Koblenz*
Puppenmuseum: *10-12 und 14-18h, Di-So, 1. Dez. bis Ostern nur Sa/So, Eintritt 3 Euro, Kinder 2,50 Euro*
Ikonenmuseum: *Fr 14-17h, Sa/So/Fei zusätzlich 10-12h, Eintritt frei*
Weitere Infos: *Tourist-Information, Koblenzer Straße 59, 53498 Bad Breisig*
Tel. (02633) 456 30
tourist-info@bad-breisig.de, www.bad-breisig.de

Die Kirche Sankt Viktor in Oberbreisig ist ein bemerkenswertes Kleinod

Soldatenfahne und Friedenszweig

Ein kostbares Kleinod nicht nur für Kenner birgt Bad Breisigs gemütlicher Stadtteil Oberbreisig. Auf leichter Anhöhe zwischen zwei Bächen und inmitten von gepflegten Fachwerkhäusern erhebt sich das stolze romanische Gotteshaus Sankt Viktor. Es ist einem römischen Kohortenführer geweiht, der um 362 im niederrheinischen Xanten für sein christliches Bekenntnis den Märtyrertod starb.

Eine Kirche wird für diese Stelle 1041 erstmals urkundlich erwähnt. Ihre heutige Bauform verdankt sie der Zeit um 1230, sie gilt als „eine der originellsten rheinischen Dorfkir-

chen", wie der Trierer Historiker Peter Schug schreibt. Ein Unikum vor allem wegen der Bauform, die sich erst von innen überzeugend erschließt. Das Langschiff ist, ganz ungewöhnlich, breiter als lang. Das nördliche Seitenschiff ist dreigeschossig mit umlaufender barocker Galerie, die Südseite hingegen wird durch zwei muschelförmige Halbkuppeln (Konchen) geprägt.

Besonders kostbar die Ausmalung im Innern: Fresken aus drei Jahrhunderten sind hier zu sehen, beginnend um 1280. Sie waren im 16. Jahrhundert, als Sankt Viktor vorübergehend reformiert war, übertüncht und sind um 1910 und erneut 1990 sorgsam restauriert worden. Zu nennen ist neben anderen eine übermannshohe Darstellung des Heiligen Christophorus (14. Jh.) am südlichen Mittelpfeiler und an der Ostwand des nördlichen Seitenschiffes eine Ölmalerei aus dem 15. Jahrhundert, genannt „Die drei heiligen Jungfrauen" (Margaretha/Dorothea, Katharina und Barbara) – orientalische Nothelferinnen, deren Verehrung vermutlich noch auf den römischen Matronenkult zurückgeht.

Ebenso bemerkenswert sind die vielen Heiligenfiguren aus dem 17. und 18. Jahrhundert, darunter eine prachtvolle Madonna mit Kind. Das älteste Kunstwerk ist das steinerne Taufbecken aus staufischer Zeit. Neueren Datums, nämlich 1995 von einem Südtiroler Schnitzkünstkler geschaffen, ist die Statue des römischen Märtyrer-Offiziers Viktor, der die Fahne seiner Kohorte in der

Helferinnen in der Not: Die Ölmalerei (links) an der Ostwand der St. Viktor-Kirche (rechts) zeigt drei Jungfrauen, deren Verehrung vermutlich noch auf den römischen Matronenkult zurückkehrt

einen und einen Friedenszweig in der anderen Hand hält. Neben der rot-weiß leuchtenden Kirche, deren Turm ein ungewohntes Satteldach krönt, steht die barocke Grabkapelle (1730) der Familie von Meurer, die vom 16. bis 18. Jahrhundert den Schultheißen im „Breisiger Ländchen" stellte. Das gehörte zum Herrschaftsbereich der Fürstäbtissinnen von Essen. Sie nutzten die Gegend mit ihrem milden Klima allerdings weniger zum Beten als zum Weinanbau für ihre Kellerei.

Denkmal für einen Märtyrer: Ein Südtiroler Schnitzkünstler schuf die Statue des Kohortenführers Viktor, der der rot-weiß leuchtenden Kirche den Namen gab

OBERBREISIG

***Anfahrt**: B 9 bis Bad Breisig, am Ortseingang rechts ab nach Oberbreisig (ausgeschildert), dort in der Ortsmitte links halten*

***Tipps:** Ausführlicher bebilderter Führer liegt im Eingangsbereich von Sankt Viktor aus; Einkehrmöglichkeiten vor allem in der vielfältigen Rheinufer-Gastronomie von Bad Breisig*

***Weitere Infos:** Tourist-Information, Koblenzer Straße 59, 53498 Bad Breisig, Tel (02633) 4 56 30*
tourist-info@bad-breisig.de, www.bad-breisig.de

Die Klosterkirche von Bendorf-Sayn blickt auf eine wechselvolle Geschichte zurück

Schwankend zum Gebet

Die schönste Malerarbeit zeigt das Gotteshaus auf seiner Außenfassade: Am Joch der Klosterkirche von Bendorf-Sayn strahlen in restaurierter Frische farbige Arkadengalerien wie bunte Fliesen. Diese ungewöhnlichen Fresken aus der Zeit um 1250 sind in hoher Qualität erhalten. Die heute dem Land Rheinland-Pfalz gehörende romanisch-gotische Basilika mit ihren reichen Schätzen zählt zu den interessantesten im Mittelrheinraum.

Um 1200 begannen Prämonstratenser den Bau der Kirche und der Klostersiedlung. Graf Heinrich III. von Sayn hatte „in Hoffnung auf ewige Vergeltung" zwölf Mönche aus ihrer Mutterabtei Steinfeld in der Eifel an den Rhein geholt. Reiche Schenkungen adeliger Gönner ließen die Abtei am Fuß der mächtigen Berg-Burg der Sayner Grafen schnell wachsen und zu einem geistigen Zentrum der Gegend werden – bis der als trunksüchtiger Verschwender überlieferte Abt Levin (1500-1518) das Kloster in den Ruin steuerte. Wenn er denn überhaupt zum Chorgebet seiner Brüder kam, dann schwankend und lallend, so wird geschrieben.

Das erleichterte es dem zu jener Zeit regierenden Grafen Adolf nicht nur, zum protestantischen Glauben zu wechseln,

Erst reich, dann ruiniert: Zahlreiche Kunstschätze wie der Altar zeugen von der Zeit, als adelige Gönner die Klosterkirche beschenkten

sondern auch das Gold und Silber der Mönche zu plündern. Dies wiederum ließ den Trierer Erzbischof Lothar von Metternich erst ruhen, als er die Sayner Burg in seinen Besitz gebracht und die Grafschaft wieder katholisch gemacht hatte. Barocke Anbauten und ein repräsentatives Prälaturgebäude zeugen davon, dass sich das Kloster erholte, bis es 1803 im Zuge der Säkularisation aufgehoben wurde.

Das Innere des Gotteshauses prägen zahlreiche Kunstschätze, darunter gotische und barocke Grabdenkmäler, aber auch eine von Wallfahrern verehrte Reliquie, ein Arm des Apostels Simon, in einem kostbaren Schrein mit Bergkristallfenstern (um 1220) und eine wertvolle Orgel aus der berühmten Werkstatt Stumm.

Der Besuch der Abteikirche im idyllischen Tal des Brexbaches lässt sich mit einem Abstecher ins Rheinische Eisenkunstguss-Museum im neugotischen Märchenschloss der Fürsten von Sayn-Wittgenstein-Sayn verbinden. Das Haus beherbergt erlesene Stücke aus der einst berühmten Sayner Hütte.

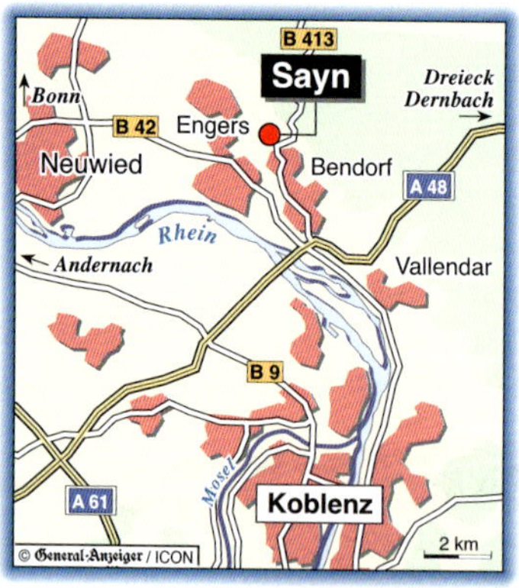

Anfahrt: *B 42, vorbei an Neuwied, Ausfahrt Bendorf, Ausschilderung „Schloss Sayn" folgen, an diesem rechts vorbei auf engem Sträßchen Richtung „Kloster" und „Parkplatz Pfarrgarten"*
Abteikirche Sayn: *Die Kirche ist ganztägig geöffnet*
Eisenkunstgussmuseum: *Geöffnet März bis Ende Sept. täglich 10-18h, Okt. 10-17h, Nov. 10-16h, Eintritt 4 Euro, erm. 3 Euro*
Weitere Infos:
Tourist-Information, Abteistraße 1, 56170 Sayn, Tel. (02622) 90 29 13, touristinfo.sayn@bendorf.de
www.abteikirche-sayn.de, www.bendorf.de, www.sayn.de

Exotik ist angesagt im Schmetterlingsgarten Sayn bei Neuwied

Fliegende Edelsteine

Wenn der blaue Morpho, ein Brasilianer, majestätisch zwischen Palmen und Hibiskus, Bambus und Bananen gleitet, ist das schon beeindruckend. Und wenn der eher faule Atlas-Spinner, ein Chinese, sich tagschlaftrunken doch einmal dazu bequemt, seine Flügel auszubreiten, bringt er sein Publikum nicht nur mit Farbenpracht, sondern auch mit stolzen 30 Zentimeter Spannweite zum Staunen – schon für einen Vogel eine Menge, für einen Schmetterling kolossal.

Exotik ist angesagt im Garten der Schmetterlinge in Sayn bei Neuwied. Für Gabriela Fürstin zu Sayn-Wittgenstein sind

Weißes Märchenschloss: das Zuhause der Fürsten von Sayn

ihre Hundertschaften bunter Falter „fliegende Edelsteine". Das passt: Um die 350 Besucher, jung und älter, erwerben Tag für Tag ein Billett für den Eintritt ins tropische Kunst-Paradies unweit der Residenz des Sayner Fürstenhauses. Mehr als 1,7 Millionen Besucher kamen seit der Eröffnung des Schmetterlingsgartens 1987, darunter etwa Bundespräsident Roman Herzog, Bundeskanzlerin Angela Merkel und Starmusikmacher André Rieu. „Aus einem Traum wurde Realität", schwärmt Fürstin Gabriela, die Initiatorin.

Der besondere Reiz liegt in der perfekten Illusion. Tiger-Schwalbenschwanz, Kometenfalter und Brauner Segler: Mehr als 200 Arten tanzen hier frei an plätschernden Wasserfällen und in einem Meer von Blüten, prächtige Orchideen inklusive, buchstäblich zum Greifen nah, durch keinerlei Schranke vom Besucher getrennt. Sie vertragen sich mit tropischen Zugaben: japanischen Koi-Karpfen, chinesischen Zwergwachteln und tropischen Finken, mit Schildkröten und Leguanen.

Der Schmetterlinsgarten liegt inmitten einer beeindruckenden Kulturlandschaft.

Hoch über dem Ort die staufische Stammburg der Sayner mit Falknerei und Gastronomie, unten am Tal das weiße Märchenschloss der Fürsten, 1850 im neugotischen Stil auf historischer Basis umgebaut, ein bedeutendes Werk des französischen Architekten Alphonse Girard, später Chefintendant des Pariser Louvre. Das Schloss beherbergt neben den Privatsalons der Fürstenfamilie ein Eisenkunstguss-Museum. Zugänglich ist auch die Schlosskapelle mit einem Armreliquiar der Heiligen Elisabeth von Thüringen. Das Sayner Geschlecht ist mit der Heiligen verwandtschaftlich verbunden. Anlässlich des 800. Geburtstags der Heiligen war das kostbare Reliquiar 2007 auf mehreren Ausstellungen in Thüringen unterwegs.

Tropischer Mikrokosmos: der gläserne Schmetterlingsgarten der Fürstin Gabriela

Auf jeden Fall einen Besuch wert ist schließlich die unweit in einem Bachtälchen liegende Sayner Abteikirche (13. Jh., s. auch „D'heins Regiotipps", Band 2)) mit ihren berühmten Außenfresken und einem wertvollen Reliquienschrein des Apostels Simon.

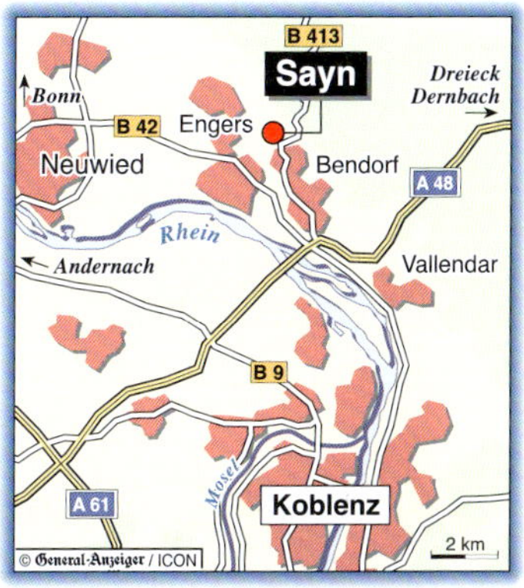

Anfahrt: *B 42, vorbei an Neuwied, Ausfahrt Bendorf, „Schloss Sayn" folgen, Zufahrten zur Burg und zur Abteikirche ab Schloss ausgeschildert*
Garten der Schmetterlinge: *Tägl. geöffnet von Frühlingsanfang bis 1. Advent 9-18h, im Oktober 10-17h, November 10-16h*
Eintritt 7,50 Euro, Kinder 5 Euro, Familien 21 Euro. Im Eintrittspreis enthalten ist der Besuch im Schloss mit Eisenkunstguss-Museum, Schlosskapelle und Fürstinnenzimmer
Einkehrmöglichkeiten: Bistro im Schmetterlingsgarten, Burg Sayn (außer Mo und Di), Restaurant im Schloss (elegant), Lokale im Ort
Weitere Infos: *Tourist-Info, Tel. (02622) 90 29 13*
www.sayn.de, www.bendorf.de

Die Burg Namedy zwischen Bad Breisig und Anderach ist in Besitz der Hohenzollern

Preußische Prinzen am Rhein

Ausdrücklich ermuntern die Burgherren die Besucher, in ihrem Park mit seinem exotischen Baumbestand zu flanieren. So erschließt sich das erlesene Anwesen in Namedy, zwischen Bad Breisig und Andernach, wenigstens von außen. Offene Tür ist nur, wenn im restaurierten Spiegelsaal die Künstler aufspielen, zum Beethoven-Abend etwa oder zum Jazz-Frühschoppen.

Namedy hat eine lange Geschichte. Im 14. Jahrhundert baute die Andernacher Patrizierfamilie Huysmann hier eine Wasserburg im spätgotischen Stil, ein feudaler Landsitz für die reichen Kaufleute. Im Barock wurde die Anlage erweitert, davon künden die Jahreszahlen im alten Gemäuer und die Hauben auf den Türmen. 1896 ein weiterer Eingriff: Der damalige Besitzer stockte den Wohntrakt auf, ohne das Gesamtbild der Anlage zu zerstören. Oft war in dieser Zeit der französische Dichter Guillaume Apollinaire Gast im Haus. Nur wenige Jahre später sollte hochadeliger Glanz auf Namedy erstrahlen. Prinz Carl Anton von Hohenzollern hatte nach einem Zerwürfnis mit einem vorgesetzten Offizier seine

militärische Laufbahn beendet und wollte dem Potsdamer Hofleben entfliehen. Durch einen Frisör, der aus dem Rheinland stammte, erfuhr die preußische Hoheit, dass die Schloss-Burg am Rhein zum Verkauf angeboten wurde. Namedy passte um so mehr in die Pläne des Prinzen, als die Burg Stolzenfels südlich von Koblenz, also ganz in der Nähe, schon seit Mitte des 19. Jahrhunderts im Besitz der königlichen Familie war und von den Berlin-Potsdamer Herrschaften quasi als Wochenenddomizil genutzt wurde.

Erlauchtes Anwesen: Auf Burg Namedy finden auch Kulturveranstaltungen statt

Carl Anton ergänzte das erlauchte Anwesen um den mit prachtvollen Holzpaneelen ausgestatteten Spiegelsaal. Rauschende Feste wurden von nun an auf Namedy zelebriert, bis der Erste Weltkrieg dem Feiern ein Ende bereitete: Prinzessin Josephine machte den Spiegelsaal zum Lazarett.

Bis zu seinem Tod residierte Carl Antons Enkel Godehard im Hohenzollern-Besitz. Heute pflegt seine Frau Prinzessin Heide das Baudenkmal, unterstützt von einem Förderverein und von der öffentlichen Hand. Einen Besuch wert ist auch die frühgotische Pfarrkirche St. Bartholomäus (13. Jh.) mit wertvoller Ausstattung.

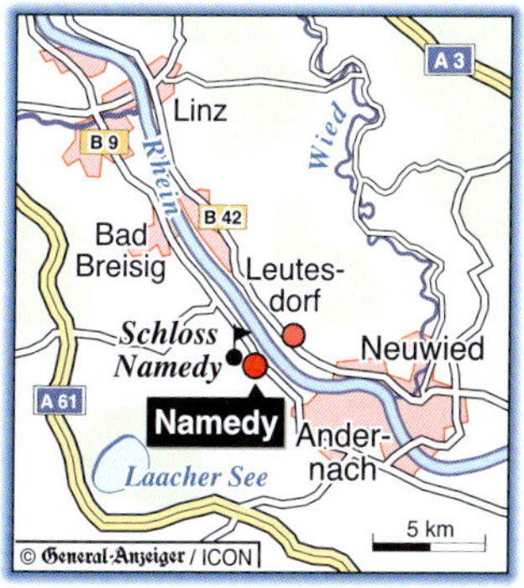

Anfahrt: Mit der **Bahn** stündlich ab Bonn
Mit dem **Auto** B 9, Abfahrt Namedy (zwischen Brohl und Andernach)

Weitere Infos: *Tourist-Info, Läufstraße 4, 56626 Andernach, Tel. (02632) 29 84 20, www.andernach.net; info@andernach.net*

In Andernach erinnern zahlreiche Bauwerke an das Mittelalter

Die geschenkte Stadt

Friedrich Barbarossa war groß im Geben. Weil Reinald von Dassel, streitbarer Erzbischof von Köln, den Kaiser bei einem Streit im fernen Italien militärisch unterstützte, schenkte der Herrscher ihm 1167 zum Dank eine ganze Stadt, nämlich Andernach. Und weil der Fürstbischof den Andernachern nicht über den Weg traute und Rachegelüste seines Trierer Bischofsrivalen fürchtete, sicherte er seinen neuen Besitz mit einer mächtigen Burg. Ihre Ruinen sind unter den vielen Relikten des Mittelalters in der Stadt am Rhein die größte Attraktion.

Was die Truppen des französischen Sonnenkönigs Ludwig IV. 1689 nach längerer Belagerung übrig ließen, ist immerhin noch die besterhaltene Stadtburg am Mittelrhein. Pulverturm, Bergfried und die hoch aufragenden Außenwände des

Zeitzeugen: Die Außenwände (links) der mächtigen Burg des Kölner Erzbischhofs, Kreuz aus dem 14. Jahrhundert (oben) in der Stadtmauer Andernachs

herrschaftlichen Wohnzimmers, des Palas, zeugen von vergangener Protz-Pracht.

Wobei es durchaus auch vor den Franzosen-Attacken zuweilen recht ungemütlich in der von einem Wassergraben umgebenen Festung gewesen sein muss. Denn immer wieder berannten aufmüpfige heimische Zünfte das ungeliebte Bollwerk am Rande ihrer Stadt und versuchten, die Mannen des Kölner Kurfürsten zu vertreiben.

Wie selbstbewusst die Andernacher im Mittelalter waren, beweisen die gewaltigen Mauern, mit denen sie ihr Territorium mit Duldung der geistlichen Herren umgaben. Sie prägen noch heute das Stadtbild. Die begehbaren Teile des Wehrgangs sind beliebtes Touristenziel, vor allem bei Kindern. Eine Reihe der ursprünglich vier Stadttore und der 14 Türme sind noch erhalten. Der um 1450 errichtete „Runde Turm“ ist ein weithin sichtbares Wahrzeichen. 56 Meter ragt das imposante Bauwerk auf. Seine vier Meter dicken Mauern hielten – im Gegensatz zu denen der Burg – allen Sprengversuchen der französischen Truppen Stand.

Das einst stolze Rathaus von 1407/1561 wurde hingegen ein Opfer der Eroberer. Beim Wiederaufbau wählten die Andernacher der Zeit gemäß eine barocke Fassade. Im Keller dieses Baus wiederum findet sich ein besonderes Relikt aus dem Mittelalter, eines der wenigen in Deutschland noch erhaltenen jüdischen Kultbäder (Mikwe) aus dem 14. Jahrhundert, das allerdings nur im Rahmen einer Stadtführung besichtigt werden kann.

Wehrhaftes Wahrzeichen: der Pulverturm

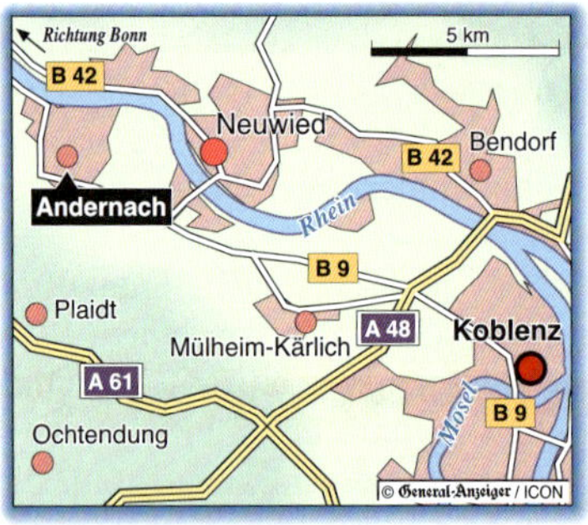

Anfahrt: *mit der* ***Bahn*** *(bis zu dreimal stündlich) auf der linksrheinischen Strecke*
Mit dem ***Auto*** *über die B 9 Richtung Koblenz*

Weitere Infos: *Tourist-Info, Läufstraße 4, 56626 Andernach*
Tel. (02632) 29 84 20, info@andernach.net, www.andernach.net

Zwischen Koblenz und Boppard vermittelt der Ort Rhens pure Rheinromantik

Altes Siedlungsland

Rhens ist Rheinromantik pur. Malerische Winkel, prachtvolles Fachwerk, Stadtmauer, Tore und Türme, nicht zuletzt eine Kirche aus der Merowingerzeit machen den Ort zu einem Schmuckstück am Mittelrhein.

Hier ist altes Siedlungsland, wie Funde von Stein- bis Römer- und Frankenzeit beweisen. Aus den Annalen geht hervor, dass kaum ein Ort am Fluss sich so oft an neue Herren gewöhnen musste. Um 643 kaufte der Kölner Bischof Kunibert dem fränkischen König Dagobert den Ort Rhens ab.

Mittelalterliche Fachwerkromantik: die farbenprächtigen Häuser wie hier das Rathaus begeistern jeden Besucher

Die erste Urkunde von 874 bezeugt Mönchen des Kölner St. Kunibert-Stiftes Zehntrechte in „Renson“. Kölner und Trierer Kurfürsten, Grafen von Saffenburg (bei Mayschoss an der Ahr), Katzenelnbogen und Hessen, die Abteien Gladbach und Rommersdorf (bei Neuwied) wechselten sich ab, bis die Franzosen und schließlich die Preußen kamen.

Geblieben sind viele bauliche Zeugen vergangener Epochen. Allen voran die Dionysiuskirche, die anders als bei vielen Siedlungen nicht „im Dorf“ steht, sondern außerhalb der Mauern, offenbar, weil es schon im 7. Jahrhundert (vermutete Bauzeit) im Ort zu eng für ein Gotteshaus und das immer dazu gehörende Gräberfeld („Kirchhof“) war. Ältestes erhaltenes Bauteil ist der um 1200 erneuerte Turm – spätgotische Elemente prägen den Hauptbau, die Innenausstattung ist barock.

In der Ortsmitte dominiert das prunkvolle Rathaus (16. Jh.) mit seinem roten Fachwerk. Gegenüber prangt die barocke Fassade „Im Marienbiltgen“, daneben die ehemalige Ratsschenke mit ihrem beeindruckenden Runderker. Den Marktplatz säumen reich mit buntem Schnitzwerk verzierte alte Zunfthäuser.

An der Rheinfront, die nach dem Bummel durch die Gässchen zum Spaziergang einlädt, besticht das drei-

Die Fassade als Kunstwerk: In Rhens am Mittelrhein haben sich die Holzschnitzer selber übertroffen

stöckige, schlossähnliche „Deutsche Haus“ von 1570 neben dem Rheintor (um 1400, früher Zollhaus) mit seinem kunstvollen Zimmermanns-Maßwerk, daneben die einstöckige „Wackelburg“ von 1573. Eine Tafel erinnert daran, dass an dieser Stelle am 24. März 1945 die 87. Division der 3. US-Armee kurz vor Kriegsende den Rhein überquerte.

Bis zu zehn Meter hoch wächst die mächtige Stadtmauer (Ende 14. Jh.) in den Himmel, die Rhens noch in weiten Teilen umgibt. An der Nordseite der Stadt wurde sie gerade im alten Stil komplettiert. Wahrzeichen des Ortes ist der „Königsstuhl“, in Stein gemauerte Erinnerung ans späte Mittelalter, als in Rhens die sieben deutschen Kurfürsten die deutschen Zepterträger wählten.

Anfahrt: ***Mit der linksrheinischen*** ***Bahn*** *über Koblenz*
Mit dem ***Auto*** *B 9 den Rhein entlang*

Weitere Infos: *Verkehrsamt, Am Viehtor 2, 56321 Rhens*
Tel. (02628) 96 05 42
www.rhens.de; touristik@rhens.de

Die Siegmündung ist ein Geheimtipp vor der Haustür

Damm im Delta

Links der Rhein, rechts die Sieg, dazwischen eine mächtige Pappelallee: Der Spaziergang auf der Landzunge bis zum kieseligen Kap, wo die beiden Flüsse Hochzeit machen, zählt zu den Geheimtipps vor der Haustür. Geographisch gesehen ist es die Grenze zwischen Rheinischem Schiefergebirge und Niederrhein.

152 Kilometer hat die Sieg hinter sich, wenn sie von ihrer Quelle im Rothaargebirge die Mündung im Auenwald zwischen Vilich und Bergheim erreicht. Obwohl der Fluss 1777 teilweise begradigt wurde, hat das einstige Deltagebiet mit seinen zahlreichen Altarmen noch viel von seinem urwüchsigen Reiz behalten.

Vielstimmiges Vogelkonzert ist angesagt, wenn das Rauschen der Autobahn nach wenigen Minuten des Weges abebbt. Sogar Steinkauz und Fledermaus sind hier zuhause. 100 Käferarten, darunter der auffallende große Moschusbock, haben Naturfreunde ausgemacht, dank deren Initiative das gesamte Revier seit 1986 unter strengem Schutz steht.

Etwa 1,5 Kilometer verläuft die Sieg parallel zum Rhein. Der Grund: Das Areal zwischen den Flüssen war einst eine Insel im Sieg-Delta, die wegen ihrer Form den Namen „Pfaffenmütze“ trug. Zeitweise floss die Sieg am Südende dieses kleinen Eilandes im rechten Winkel direkt in den Rhein, was zu Verlandungen durch „Geschiebe“ führte. Deshalb wurde 1852 ein Damm zwischen Insel und Festland errichtet, der die Sieg wieder in ihre heute Richtung zwang.

Ein Kuriosum ist die Bergheimer Gierponte am viel besuchten Ausflugslokal „Zur Siegfähre“. Stemmt der Fährmann den am Seil hängende Nachen mit dem mächtigen Ruder schräg zur Strömung, treibt das Boot automatisch hinüber – eine uralte Technik, die keines Motors bedarf.

Bis ins 17. Jahrhundert ist das Fährrecht an dieser Stelle verbürgt, mit festen Tarifen für Mensch, Tier und Fuhrwerk. War ursprünglich das Stift Vilich Inhaber dieses Privilegs, ging es nach der Säkularisation an die Zivilgemeinde über, die es auch heute noch verpachtet hat.

Anfahrt: *Mit dem* ***Bus:*** *z.B. ab Bonn-Hbf Linie 550 und 551 bis Haltestelle Siegaue*
Mit dem ***Auto:*** *z.B. A 565, Abfahrt Bonn-Beuel-Nord, Parkplatz „P&R"*
Tipps: *Fußweg auf der Bonner Seite der Sieg abwärts gehen, bis zur Mündung ca. 45 min.*
Je Überfahrt mit der „ältesten und einzigen Einmannfähre Deutschlands" (Eigenwerbung): 50 Cent
Zur Siegfähre: Restauration mit Biergarten in der Saison (April-Okt.) täglich geöffnet

Hoch über dem Tal der Sieg beflügelt die Burg Blankenberg mittelalterliche Fantasien

Mächtige Mauern

Schon von weitem grüßen die mächtigen Türme von Burg Blankenberg hoch über dem Tal der Sieg. Die Restaurierungen an einem der besterhaltenen und größten Beispiele einer mittelalterlichen Festungsanlage im Rheinland sind abgeschlossen. Der Rundgang zwischen den ungewöhnlich mächtigen Mauern, zwei und mehr Meter dick, ist jetzt ein Erlebnis für alle Generationen.

Während die Enkel ihre Ritter-Fantasien in munteres Spiel umsetzen, genießen Oma und Opa vom Bergfried die herrliche Aussicht bis hin zum Siegburger Michelsberg mit seiner Klosterbasilika. Und ein junges Paar studiert im Kräutergarten den Unterschied zwischen Alchemilla vulgaris, dem gemeinen Frauenmantel, und Viola odorata, dem wohlriechenden Veilchen.

Die Grafen von Sayn setzten sich, sehr zum Leidweisen der Abtei Michaelsberg, im 12. Jahrhundert auf dem unbewaldeten, „blanken" Berg fest. Ein strategisch höchst interessanter Punkt, ließen sich von hier aus doch die Zugänge zur Siegebene, zu Bergischem Land, Siebengebirge und Westerwald kontrollieren. Vergeblich versuchten die Siegburger Mönche, den Weiterbau der Festungsburg zu verhindern, gar den Abbruch zu erreichen. Auch ihre schärfste Waffe, die Exkommunikation der Burgherren auf päpstliche Weisung durch den Propst von Bonn, blieb stumpft: Die Sayner blieben, mussten der Abtei lediglich Fischerei- und Mühlenrechte abtreten.

Damit konnten die Grafen gut leben in „blanckenberge". Es entwickelte sich ein reges höfisches Treiben in den weiten Mauern. Überschwänglich, so wird berichtet, lobte ein Minnesänger namens Reimar von Zweter kulturelles Engagement der Sayner Kleinfürsten. Deren Großzügigkeit verdankt auch die kleine Gemeinde am Fuß der Festung ihren Auf-

Attraktionen auf dem blanken Berg: ein Rundgang durch die Burganlage öffnet den Blick auf herrliche Aussichten

schwung, der auch heute noch der Titular-„Stadt Blankenberg“ mit ihrer Rundum-Mauer, ihrer barockisierten gotischen Kirche (wertvolle Fresken im Innern) und stimmungsvollen Fachwerkgassen hohe Attraktivität sichert. Während das Stadt-Dorf die Jahrhunderte überlebte, fiel die namensgebende Burg dem Dreißigjährigen Krieg (1618-48) zum Opfer.

Attraktionen auf dem blanken Berg: ein Rundgang durch die Burganlage öffnet den Blick auf herrliche Aussichten

BURG BLANKENBERG

Anfahrt: *Mit der* ***Bahn*** *z. B. ab Bonn bis Siegburg, von dort mit der S 12 Richtung Au bis Haltepunkt „Blankenberg", von dort gut 1 km zu Fuß bergauf*

Mit ***PKW*** *über A 560 bis Autobahnende, weiter auf B 8, 1. Kreuzung links Richtung Eitorf auf der Siegtalstraße, Abzweig nach Blankenberg hinter Ortschaft Greuelsiefen*

Burg: *Öffnungszeiten: April bis Oktober Di-So, 10-18h, Eintritt frei*
Führungen jeden 1. Sonntag im Monat (14h), Treffpunkt Parkplatz am Ortseingang von Blankenberg; Gebühr Erwachsene 2,50 Euro, Kinder 1 Euro

Tipps: *Rund um Blankenberg sind sieben Wanderwege (zw. 15 und 150 Min.) ausgeschildert. Info-Tafel am Parkplatz Ortseingang*
Gastronomie im Ort

Weitere Infos: *Tourist Information, Frankfurter Straße 97, 53773 Hennef*
Tel. (02242)19 433, www.hennef.de, www.stadt-blankenberg.de

Viele Legenden ranken sich um den Druidenstein von Herkersdorf in der Sieg-Gemeinde Kirchen

Säule an Säule

Sagenhaft, dieses ungewöhnliche Naturdenkmal hoch oben auf dem Berg. Wenn der Vollmond leuchtet, hören die, die es hören wollen, lautes Jammern. Es ist das Wehklagen einer grausam geopferten keltischen Fürstentochter, wissen die Leute im Tal und bekreuzigen sich vorsichtshalber.

Eine Fülle von Legenden rankt sich um den Basaltkegel von Herkersdorf in der Sieg-Gemeinde Kirchen. Druidenstein wird er offiziell genannt, im Volksmund aber auch Rüdenstein, Drüdelstein oder schlicht Köppel. Kelten und Germanen sollen hier auf der Höhe des Westerwaldes mal ihre religiösen Rituale gepflegt, mal wilde Orgien gefeiert, mal Menschenblut geopfert haben. Heute ist die Kuppe, die schon seit 1869 unter Naturschutz steht, die letzte Station eines katholischen Kreuzweges, der unten im Dorf an der sehenswerten Heilig-Geist-Kirche beginnt.

Der Druidenstein dürfte vor etwa 20 Millionen Jahren bei einem Vulkanausbruch entstanden sein. Säule an Säule reckt sich die zu Basalt erstarrte Lava gen Himmel, lässt den Besucher erahnen, welche Riesenkräfte hier einst gewirkt haben müssen. Das Bild wäre noch eindrucksvoller, hätten nicht Landsknechte während des Dreißigjährigen Krieges einen Teil des Kegels abgetragen, damit er nicht feindlichen Heerscharen als weithin sichtbare Orientierungshilfe dienen konnte. Und 1979 hätte bei-

Sehenswert: Heilig-Geist-Kirche in Herkersdorf

nahe eine andere Naturgewalt die ungewöhnliche Sehenswürdigkeit zerstört: Ein Blitzschlag war so gewaltig, dass das steinerne Monument auseinander zu brechen drohte und mit Stahlbetonbalken gesichert werden musste.

Ein lohnender Abstecher führt über Herdorf in das idyllische Städtchen Daaden mit bemerkenswerter Barockkirche (leider tagsüber geschlossen) und von dort nach Friedewald mit einem von außen zugänglichen Renaissance-Schloss der Grafen von Sayn, später von Hachenburg, heute Evangelische Akademie.

Anfahrt: *A 565/A 59/A 560 bis Autobahnende, weiter auf der B 8, 1. Kreuzung links, Richtung Eitorf, nun auf der reizvollen Sieg-Freizeitstraße Richtung Siegen über Eitorf, Wissen und Betzdorf (an der großen Kreuzung am Ortsausgang links halten!) bis Kirchen, hier rechts ab („Druidenstein" ausgeschildert) nach Herkersdorf, halbstündiger mäßig steigender Fußweg („Kreuzweg") zum Druidenstein, oder beschilderte Auffahrt mit dem Auto vom Nachbarort Offhausen*

Alternative, schnelle Rückfahrt von Betzdorf durch den Westerwald über Hachenburg und Altenkirchen nach Hennef/A 560

Weitere Infos: *Tourist-Information, Lindenstrasse 1, 57548 Kirchen, Tel. (02741) 68 82 24*
a.hof@kirchen-sieg.de, www.kirchen-sieg.de

Schönster Barock erhebt sich mitten in Daaden im Westerwald

Trutziger Turm

Es riecht nach prallem Bayern, liegt aber im kühlen Westerwald. Schönster Barock erhebt sich mitten in Daaden im Dreiländereck von NRW, Hessen und Rheinland-Pfalz. Barock und protestantisch, selten hierzulande. Dass die Kirche evangelischen Christen dient, wird im Innern schnell deutlich: Die Ausstattung ist längst nicht so überladen wie bei katholischen barocken Gotteshäusern. Auch der Kanzelaltar, kombiniert mit der Orgel, ist typisch protestantisch.

So wirkt der Prachtbau von 1722/24 vor allem durch sein imposantes Äußeres. Mächtig sitzt die geschieferte und geschwungene Haube auf dem noch trutzigen Turm. Edel schließt sich daran das weite Kirchenschiff an.

Daaden lädt zum Bummel ein. Viel gepflegtes Fachwerk prägt den Ort, darunter die „Zehntscheune" und die „Alte Post" (1671, einst Herrensitz, jetzt Heimatmuseum). 1219 tauchte der Name erstmals in einer Urkunde auf. Die Altenkirchener Linie der Sayner Grafen entwickelte Daaden zum Mittelpunkt ihres Amtes Friedewald. Dies wiederum verdankt einer adligen Residenz in Daadens Nachbarschaft den Namen: Das

Viel gepflegtes Fachwerk prägt den Ort Daaden: Zehntscheune

Prachtbau: evangelische Kirche in Daaden

Lohnender Abstecher nach Friedewald: das Schloss

von Wehrmauern einer ehemaligen Saynschen Burg geschützte Friedewald, im Kern ein beeindruckender Renaissancebau aus dem 16. Jahrhundert, soll dem Heidelberger Schloss nachempfunden sein.

Besonders schön ist die gegliederte Fassade, die vom Innenhof aus besichtigt werden kann. Der sehenswerte Gebäudekomplex beherbergt heute eine Sozialakademie der Evangelischen Kirche. Der Ort Friedewald war 1324 von Kaiser Ludwig dem Bayern zur Stadt erhoben worden.

Anfahrt: *A 560 bis Hennef, weiter kurz geradeaus auf B 8, dann links auf die Siegtalstraße, über Eitorf, Windeck, Wissen bis Betzdorf, dort rechts ab nach Daaden. Abstecher nach Friedewald in Daaden ausgeschildert*

Weitere Infos: *Verbandsgemeinde Daaden, Tel. (02743) 92 90 www.daaden.de*

In Lahnstein mündet die Lahn in den Rhein. Burgenromantik und Fachwerkidylle dominieren den Ort

Geistesgruß von Goethe

Auch Goethe war schon dort, wo Lahn und Rhein zusammentreffen. Angesichts von Fachwerkidylle und Burgenromantik schrieb der Dichterfürst 1774 den „Geistesgruß“: „Hoch auf dem alten Turme steht/Des Helden edler Geist/Der, wie das Schiff vorübergeht/Es wohl zu fahren heißt.“ Lahnstein ist auch heute eine Visite wert, zeigt doch

Lahnstein: das berühmte „Wirtshaus an der Lahn“

gerade der ältere Stadtteil Oberlahnstein mit seinen engen Gässchen durchweg mittelalterliches Ambiente.

Schon 4.000 Jahre vor Christus siedelten Menschen an diesem Platz. Um 1000 nach Christus finden sich die ersten urkundlichen Erwähnungen. 1226 beginnt der Mainzer Erzbischof und Kurfürst Siegfried von Eppenstein mit dem Bau der Burg Lahneck hoch über der heutigen Stadt. Die Anlage wurde nach ihrer Zerstörung im Dreißigjährigen Krieg 1852 in neugotischem Stil restauriert und befindet sich in Privatbesitz. Die Terrasse ist frei zugänglich, schöne Aussicht inklusive.

Sehenswert in Lahnstein: Martinsschloss (rechts), Rathaus (ganz rechts), Hexenturm (unten), Kirche St. Johannis (unten rechts)

Das prunkvolle Rathaus im Zentrum von Oberlahnstein zeugt vom einstigen Reichtum des Ortes. Bestechend schön der kunstvolle Fachwerkbau (15. Jh.) mit gotischer Markthalle und der Gerichtslaube im Untergeschoss sowie dem auffälligen barocken Dachreiter mit der Glocke, die immer dann geläutet wurde, wenn Feuersbrunst die Bürger zur Wehr rief. An den Wänden der Halle finden sich Historien-Malereien.

Nicht weniger eindrucksvoll ist das Martinsschloss, die gotische Zollburg der Kurfürsten am Rheinufer, erbaut 1298, nachdem König Albrecht I. von Habsburg den Mainzer Kirchenfürsten das Steuerprivileg von Lahnstein zugesprochen hatte. Der fast 30 Meter hohe Eckturm diente als Eckbastion der Stadtbefestigung, von der auch noch der „Hexenturm“ im jetzigen Ortszentrum erhalten ist.

Das Schloss erlebte immer wieder Anbauten, zuletzt in der Barockzeit unter Kurfürst Franz von Schönborn. Nur wenige Burganlagen am Rhein sind in solcher Vollkommenheit erhalten. Die Gebäude werden heute zu Wohnzwecken genutzt, der Innenhof darf besichtigt werden.

Ein zweiter Zollturm, erbaut 1348, steht am Lahnufer von Niederlahnstein – unübersehbar neben der blauen Flussbrükke, die beide Ortsteile verbindet. An seinem Fuß ein schmukker Fachwerkbau, der eine viel besungene Gastronomie birgt: das Wirtshaus an der Lahn.

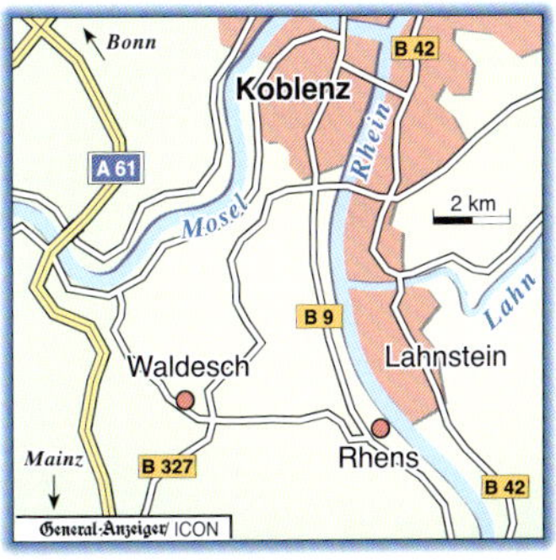

***Anfahrt:** Rechtsrheinisch B 42; oder linksrheinisch B 9, durch Koblenz über die innerstädtische Rheinbrücke auf die B 42, jeweils bis Abfahrt Lahnstein, durch Nieder- nach Oberlahnstein*

***Weitere Infos:** Tourist-Information, Kirchstrasse 1*
56112 Lahnstein, Tel. (02621) 91 41 71
touristinformation@lahnstein.de
www.lahnstein.de

An der Lahn erinnert Kloster Arnstein an einen amtsmüden Grafen

Von weitem leuchten die Türme

Graf Ludwig III. von Arnstein war das Herrschen leid. Und da Ehefrau Guda von Boyneburg (Baumburg) ihm auch keinen Nachwuchs bescheren konnte, fiel dem Paar der Abschied vom höfischen Leben umso leichter. Ludwig holte Prämonstratenser-Mönche ins Lahntal und schenkte ihnen seine Burg, damit daraus eine Abtei werde. Noch erstaunlicher: Graf Ludwig selbst hielt als Laienbruder Einzug im Kloster, und seine adelige Frau wählte gar eine Einsiedler-Klause an der Mauer der neuen Abtei für ihren Lebensabend. Dies geschah im 12. Jahrhundert.

Mächtig erhebt sich Kloster Arnstein auf einem Fels hoch über der Lahn zwischen Bad Ems und Limburg. Bis auf das Querschiff ist die Abtei-Kirche noch heute in der Gestalt, den ihr die Baumeister des Ordens nach dem Abriss der Burg um 1200 und nach Um- und Anbauten um 1360 gegeben haben.

So leuchten schon von weitem die weiß-gelben Türme: romanisch die älteren, gotisch die jüngeren. Im Innern hat der Westteil mit Chor, Vierung und Vorhalle seinen romanischen Charakter bis heute weitgehend bewahrt, der Ostteil präsentiert sich als unverfälschtes Zeugnis der Hochgotik.

Kostbare Ausstattung der dreischiffigen Basilika: am Eingang ein Steinkreuz aus dem 14. Jahrhundert mit dem Arnsteiner Wappen, dann die kunstvoll beschlagene Eichentür (13. Jh.). Im Innern ein prachtvoll geschnitztes Chorgestühl, Reliefs der gräflichen Klosterstifter und die Grabtafel Ludwigs III.

Schmuckstück an der Lahn: Das Kloster Arnstein ist ein gräfliches Geschenk

Bestechend der barocke Hochaltar aus Holz und buntem Lahn-Marmor, die Rokoko-Kanzel vom gleichen, unbekannten Künstler sowie in einem Seitenschiff ein Tafelaltar („Hadamarer Barock") von 1646.

Bis zur Säkularisation (1802) wirkten die Prämonstratenser ununterbrochen in Arnstein. Dann fiel die Immobilie an die Fürsten von Nassau-Weilburg. 1919 besiedelte eine unter dem Kürzel „Arnsteiner Patres" bekannte, in der weltlichen Seelsorge tätige Ordensgemeinschaft den Klosterberg neu. Heute ist Arnstein ein viel besuchter Wallfahrtsort.

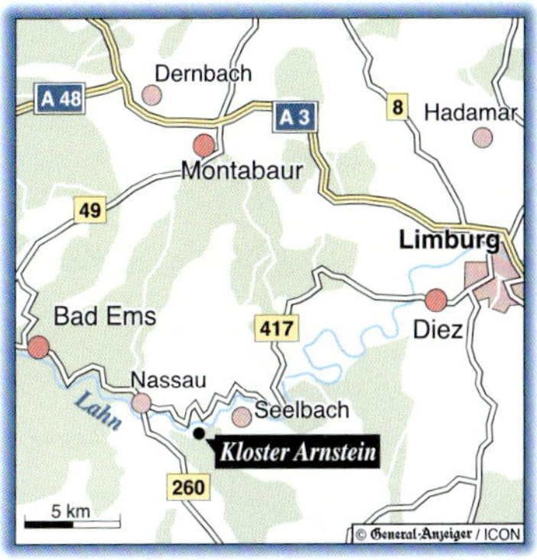

Anfahrt: *Mit der* ***Bahn*** *über Koblenz (umsteigen) bis Obernhof, Fußweg zum Kloster*

Mit dem ***Auto*** *rechtsrheinisch (B 42) Neuwied, Koblenz bis vor Lahnstein, dort auf der B 260 über Bad Ems und Nassau bis Arnstein*

Parkplatz vor der Klosterkirche

Alternative Rückfahrt durch den Westerwald auf B 261/B 48 über Neuhäusl, Hillscheid, Vallendar, B 42

Einkehrtipp: *Restaurants im Residenzstädtchen Nassau (Fußgängerzone)*

Weitere Infos: *Tourist-Information Nassauer Land, Obertal 9a, 56377 Nassau, Tel. (02604)951991, Fax (02604) 952525*

www.nassau-touristik.de, info@nassau-touristik.de

In Diez gibt es nicht nur Deutschlands schönste Kaserne zu besichtigen

Oranien an der Lahn

Das imposante Anwesen am Rande von Diez ist seit 1962 in der Obhut der Bundeswehr: Schloss Oranienstein, Stammschloss des niederländischen Königshauses, um 1700 erbaute Barockresidenz der Fürstin Albertine Agnes von Nassau-Oranien und danach ihrer Schwiegertoch-

ter Henriette Amalie von Anhalt-Dessau. 318 Räume, viele mit herrlichem italienischem Stuckwerk und Fresken niederländischer Meister, reihen sich hinter der Prachtfassade.
Die meisten Zimmer sind von Soldaten belegt. Ein Teil der Räume ist indes für ein Museum reserviert, das die Geschichte der holländischen Regenten-Familie erzählt. Auch Marschall-Saal, Schlosskapelle und Gartenkabinett sind mit Führungen öffentlich zugänglich.

Napoleon beendete 1811 das höfische Leben auf Oranienstein, ließ die Einrichtung versteigern und löste das Fürstentum Oranien auf. Nach dem Wiener Kongress 1815 tauschte der niederländische König Wilhelm I. seine nassauischen Stammlande in einem Handel mit Preußen gegen das Großherzogtum Luxemburg. Die Nazis missbrauchten das Schloss als „Nationalpolitische Erziehungsanstalt".

Die Mischung macht den Ort Diez sehenswert. Im Zentrum beeindrucken verwinkelte Gässchen mit gepflegten Fachwerkbauten – überragt vom mittelalterlichen Burg-Schloss

der Diezer Grafen (11. Jahrhundert) mit vielen Giebeln, Erkern und Zinnen. Die lokalen Edelherren, aus der die späteren niederländischen Oranje-Regenten als Nebenlinie hervorgegangen sind, beherrschten von hier aus 600 Jahre Stadt und Region.

Ihr Reichtum – und der des begüterten Teils ihrer Untertanen – begründete sich vor allem im Stapelrecht, das Diez an der Lahn besaß. Sämtliche Waren, die auf Treidelschiffen flussaufwärts kamen, vor allem Getreide, Salz, Kaffee, Zucker, Wein und Lebensmittel ("Kolonialwaren"), wurden hier ausgeladen, verzollt und auf dem Land weiterbefördert. In der Gegenrichtung war die Wegeabgabe für Eisen, Steine und Erze zu zahlen. „Säcker" besorgten das Umladen, ein Brunnen am Markt erinnert an ihren harten Job.

Diez ist altes Siedlungsgebiet. Schon 790 ist in einer Urkunde Karls des Großen der Ort erwähnt, damals unter dem Namen Theodissa. Daraus wurde über Diedisse und Dietz die heutige Bezeichnung.

Diezer Kostbarkeiten: Schloss Oranienstein (Vorseiten) und Grafenburg (links)

***Anfahrt:** Mit der **Bahn** über Koblenz*
(Fahrtzeit 2 Std.)
*Mit dem **Auto** auf der B 9 oder der B 42 bis Koblenz, vor Lahnstein auf die B 260, der Lahn entlang über Nassau nach Diez*
Alternative schnelle An- bzw. Rückreise über die A 3 bis Abfahrt Limburg-Nord/Diez
Schloss Oranienstein
Öffnungszeiten im Winter (1.11.-31.3.): Sa & So nur nach telefonischer Anmeldung, Tel. (06432) 940 16 66 (jew. bis freitags 16h)
Eintritt 2 Euro, Jugendliche 1 Euro, Kinder bis 11 Jahre frei
***Weitere Infos:** Tourist-Info, Wilhelmstraße 63*
65582 Diez, Tel (06432) 50 12 75
mail@urlaubsregion-diez.info
www.stadt-diez.de

Das Glasmuseum Rheinbach zeigt zerbrechliche Exponate in einer unglaublichen Vielfalt

Mit sicherer Hand

Auch eine Kölschstange ist ein Glas. Aber Welten liegen zwischen dem schlanken Zweck-Zylinder und dem Deckelpokal-Kunstwerk aus böhmischer Glasschleiferhand. Was alles aus dem zunächst farblosen Werkstoff hergestellt werden kann, ist im Glasmuseum in Rheinbach zu bestaunen.

Die Glasbearbeitung hat in Böhmen eine lange Tradition, blühte im Barock, Biedermeier, Historismus und im Art Déco. Als nach dem zweiten Weltkrieg viele Deutsche ihre angestammte Heimat im Osten verlassen mussten, siedelten sich nordböhmische Spezialisten mit Namen wie Stanka, Pawlik oder Hoidin in und um Rheinbach an. Mit ihnen kam die Glasfachschule als Nachfolgerin der traditionsreichen Ausbildungsstätte Steinschönau, heute tschechisch Kamenikky Senov.

Historisches Exponat im Glasmuseum: Deckelpokal von 1850

Glasmuseum Rheinbach: schmucker Neubau am historischen Himmeroder Hof

Und es entstand ein Fachmuseum, das seine vielen Schätze seit 1989 in einem schmucken Neubau vorzeigt, der sich harmonisch in den historischen Himmeroder Hof am Rand des Stadtkerns einfügt.

Unglaublich sind Formenvielfalt, Dekor und Farbkraft der zerbrechlichen Exponate aus verschiedenen Epochen. Der Rohling, so erfährt der Besucher, wird erst einmal geschliffen wie der Kristall. Dann sind die Graveure am Zug. Und schließlich tun die Maler mit sicherer Hand ihr Werk mit speziellen Farben, aber auch mit Auflagen in Silber, Gold und Platin. Gerade in Barock und Biedermeier leisteten sich Geburts- und Geldadel edle Gläser, Pokale, Krüge oder Vasen weniger zum Prassen als zum Protzen.

Auch heute findet die Glaskunst ihre Liebhaber. So rundet das Museum sein Angebot mit einem Blick in aktuelles Künstlerschaffen ab, darunter natürlich auch Produkte von erfolgreichen Absolventen der Glasfachschule.

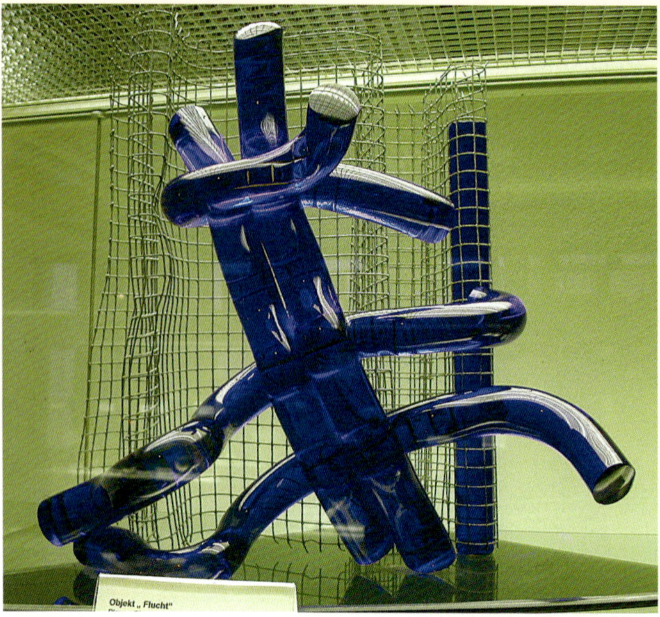

Künstlerische Auseinandersetzung: das Glasobjekt „Flucht“ aus dem Jahr 1990

__Anfahrt__: Mit der __Bahn__ Richtung Euskirchen bis Rheinbach, 15 Min. Fußweg quer durch die Innenstadt
Mit dem __Auto__ u.a. über Meckenheim oder von der A 61, Abfahrt Rheinbach
__Glasmuseum:__ Öffnungszeiten: Di-Fr 10-12 und 14-17h, Sa/So/Feiertags 11-17h
Eintritt: 2,50 Euro (erm. 1 Euro)
__Tipp:__ Bummel durch das Gelände der ehemaligen Rheinbacher Wasserburg mit „Hextenturm“ in unmittelbarer Nähe des Museums
__Weitere Infos:__ Glasmuseum, Himmeroder Wall 6, 53359 Rheinbach
Tel. (02226) 91 75 01
glasmuseum@stadt-rheinbach.de, www.rheinbach.de

Einen wahren Besucheransturm erlebt die neue Dauerausstellung *Wir Rheinländer* *im Rheinischen Freilichtmuseum Kommern*

Beikircher im Museum

Detailverliebte Alltagsszenen aus zwei Jahrhunderten: darunter auch eine Apotheke

Unter dem vereinnahmend-einladenden Titel „Wir Rheinländer" präsentiert das Rheinische Freilichtmuseum in Kommern einen Einblick der ganz neuen Art in die jüngere Geschichte einer Spezies Menschen, die per Ordre, erst aus Paris, dann aus Berlin, zwangsvereint wurden, sich eigentlich aber auch heute noch eher als Bonner, Kölner, Aachener oder, nun ja, Düsseldorfer, denn als „Rheinländer" verstehen – schon gar nicht als Nachkriegs-„Nordrhein-Westfalen".

Am Abend geht er, nur so zum Beispiel, in die Kneipe. Sie fehlt natürlich nicht in der liebe- und kunstvoll nachgebilde-

Originelles zum Original: 250 Figuren in Originalkostümen, wie hier in einer Kneipe

ten Kleinstadtkulisse im wechselnden Ambiente zweier Jahrhunderte. Mehr sind es nämlich erstaunlicherweise nicht, wenn von „Rheinland“ die Rede ist. 1794 beendeten die Franzosen die Kleinstaaterei, gliederten das Gebiet links des Stroms ihrem Staatsverband ein, brachten den eroberten Deutschen ihre freiheitliche Rechtsordnung („Code Napoleon“) bei und ließen sie von nun an in Begriffen reden wie Trottoir, Portemonnaie und Parapluie, Schabau, Plümmo und Fisimatenten.

Freiheit, Gleichheit, Brüderlichkeit bekommen den Menschen durchaus. Modernes Handelsrecht und ein nunmehr einheitlicher Wirtschaftsraum schaffen eine neue Geldaristokratie, aber auch bescheidenen Wohlstand für den kleinen Mann, dessen Heirat jetzt im staatlichen Trauzimmer und nicht mehr in der Kirche amtlich besiegelt wird.

Ein nachgebautes Polizeirevier von 1820 symbolisiert „Schluss mit lustig“ à la France, die Preußen sind da. Das Rheinland wird zur „Rheinprovinz“, geführt von einem „Oberpräsidenten“ in Koblenz. Die Kölner Katholiken mögen die Berliner Protestanten und ihren König/Kaiser nicht. Preußen ist reaktionär, die Rheinländer sind tolerant, das verträgt sich nicht. Kein Wunder, dass die gescheiterte 1848er Revolution gegen die Feudalmächte gerade am Rhein guten Nährboden findet, sich aber andererseits auf harmlose Tumulte und Barrikaden beschränkt: Der Rheinländer ist kein Kämpfer. Kerkerszene und Gerichtssaal von 1852 lassen erahnen, wie hart Berlin mit Revolutionären umging.

Hurrapatriotismus, Fabrikproletariat, Kinderarbeit, Erster Weltkrieg, die Wirren der Weimarer Republik, Nazi-Katastrophe und Wiederaufbau mit den im Karneval besungenen „Eingeborenen von Trizonesien", den drei westlichen Besatzungszonen: In historischen Kulissen werden die Zeitläufe in 57 Szenen dargestellt.

Und in Originalkostümen werden 250 Figuren präsentiert, auf deren Gesichtern „echte" Rheinländer auszumachen sind: von Wolfgang Overath bis Hella von Sinnen. Auch die Bonner Kleinkünstler Konrad Beikircher und Rainer Pause fehlen nicht.

Anfahrt: *B 56/B 266 bis Kommern. Museumsparkplatz ausgeschildert, Parkgebühr 2,50 Euro*

Alternative Rückfahrt über Bad Münstereifel und Rheinbach

Ausstellung: *Öffnungszeiten 9-18h (1.4.-31.10.), 10-16h (1.11.-31.3.). Kein Ruhetag*

Eintritt für Sonderausstellung und das gesamte Freilichtmuseum: 5,50 Euro (Erw.), 2 Euro (Kinder ab 6 J.), 11 Euro (Familien)

Tipp: *Gastronomie im Museumsbereich in der „Post", einem eindrucksvollen Fachwerkensemble von 1770 aus Oberbreisig, sowie im sehenswerten Ortskern von Kommern*

Weitere Infos: *Rheinisches Freilichtmuseum, 53894 Mechernich-Kommern, Tel. (02443) 998 01 31*

www.kommern.lvr.de

kommern@lvr.de

Ein lohnendes Ausflugsziel ist Burg Gudenau in Wachtberg-Villip, auch wenn Besucher meistens nur den Blick von außen genießen können

Die Schönste im Ländchen

Sie ist zweifellos die Schönste im Drachenfelser Ländchen: die Gudenau, bescheiden „Burg" genannt, in Wahrheit ein romantisches Barockschloss in der Bachaue nahe der Ortschaft Villip in Wachtberg. Hinein darf man nur bei besonderen Anlässen, aber gegen einen Blick aus der Vorburg haben die heutigen Eigentümer nichts einzuwenden.

Die Kostbarkeit wird liebevoll gepflegt von den Erben der gräflichen Familie von Strasoldo. Gudenau gilt als einer der großzügigsten Adelssitze im Rheinland und auch als eine der außen wie innen am besten erhaltenen Anlagen dieser Art. Erst 2004 gaben drei Anstreicher in vier Monaten Arbeit 3.500 Quadratmetern Fassade neues strahlendes Gelb und 500 Quadratmetern Fenster-Rahmen frisch leuchtendes Weiß.

700 Jahre Geschichte verbinden sich mit diesem stolzen Anwesen. Gudenaus Ursprung ist eine mittelalterliche Burg der mächtigen Grafen von Are, erbaut im 13. Jahrhundert in der „Guten Aue" (daher der Name), wo Godesberger und Arzdorfer Bach zusammentreffen. Die Ares, deren Stammsitz hoch über Altenahr heute nur noch Ruine ist, kontrollierten zu dieser Zeit die Gegend als Vögte des Klosters Prüm in der Eifel. 1246 fiel die Burg an den Kölner Erzbischof Konrad von Are-Hochstaden. Durch Heirat kamen im 15. Jahrhundert die

Burg Gudenau: Die Anlage in Wachtberg-Villip (rechts und oben) ist eigentlich ein romantisches Barockschloss

Herren von Drachenfels über den Rhein nach Gudenau und gaben dem „Ländchen" seinen Namen. Im 17. Jahrhundert bekam die Anlage ihre barokke Form mit den Zwiebeltürmen, nur ein gotischer Erker erinnert an die frühere Bauepoche.

1732 heiratete sich der bereits sehr vermögende Karl Georg Anton Freiherr von der Vorst zu Lombeck in Gudenau ein, immerhin Kämmerer, Geheimer Rat, Obristküchenmeister, Vizeobristhofmarschall und Generalmajor der kurfürstlichen Residenz in Bonn unter seinem Gönner Clemens August. Von der Vorst bescherte Gudenau die glanzvollsten Jahre, die mit dem Einmarsch der Franzosen 1794 abrupt enden sollten. Über die Kölner Fabrikantenfamilie Guilleaumes kam das Besitztum schließ-

lich durch Heirat an die österreichische Grafenfamilie von Strasaldo.

Es lohnt sich, bis zum „Bartelskreuz“ den Feldweg entlang zu laufen, der östlich oberhalb der Burg verläuft. Von dort aus hat man interessante Blicke auf das malerische Ensemble. Wer Lust hat, sollte noch drei repräsentative Herrensitze in der Nähe ansteuern: Burg Odenhausen am Westrand von Berkum, die Burg im Töpferdorf Adendorf und schließlich nur ein Kilometer weiter Burg Münchhausen, heute ein Reiterhof mit Gastronomie.

__Anfahrt:__ A 565, Abfahrt Meckenheim-Merl, östlich nach Villip zur Burg Gudenau.
__Tipp:__ von Villip Richtung Berkum, vor dem Ort links ab (Beschilderung u. a. „Altenstift“) zur Burg Odenhausen am Westrand von Berkum Dann auf der L 123 über Arzdorf nach Adendorf zur Burg am Ortsanfang links ab. Nicht weit vom Ortsende von Adendorf Richtung Meckenheim liegt links Burg Münchhausen (Gastronomie So ab 11h, sonst ab 17h, Mo geschlossen)
__Weitere Infos:__ Rhein-Voreifel Touristik, Tel. (0228) 95 44 100
www.rhein-voreifel-touristik.de

In Brühl erinnert Schloss Falkenlust an ein Hobby des Kurfürsten

Höfische Beizjagd

Wenn der Graureiher seinen Horst im Brühler Schlosspark verlässt und auf Nahrungssuche Richtung Rhein startet, hat er unterwegs wenig zu befürchten. Das war mal anders. Wann immer es Kurfürst Clemens August wollte, machten seine trainierten Islandfalken hoch in der Luft Jagd auf ihr langhalsiges Opfer, kreisten es ein und zwangen es unsanft zur Landung. Hier hatte der Angegriffene nur eine Überlebenschance, wenn des Kurfürsten berittene Falkoniere schnell genug waren und den „gebeizten“ Vogel wieder befreiten. Töten sollten die Falken nicht, die Attacke in der Luft war der Reiz für die Zuschauer.

Clemens August (1723-1761), der prunkliebende Erzbischof, war ein Anhänger dieser Art Falknerei. So erkor er den Brühler Wald unweit seiner Residenz Augustusburg (siehe „D'heins Regio-Tipps“, Band 2) zum Zentrum der Beizjagd. 1729 legte er den Grundstein für Schloss Falkenlust. Es sollte das Refugium seiner Jagdgesellschaften und zugleich ein

FOTO: SCHLOSSVERWALTUNG

Zentrum der Beizjagd: Schloss Falkenlust bei Brühl

Prachtvolles Rokoko: verschwenderisch ausgestaltetes Spiegelkabinett

Schlupfwinkel für galante Abenteuer werden. Und wurde eine der kostbarsten Schöpfungen des deutschen Rokoko, geschaffen vom kurbayrischen Hofbaumeister Francois de Cuvilliés und seinem kurkölnischen Kollegen Michael Leveilly, der auch das Bonner Rathaus baute.

Auf Filzpantoffeln schlurft der Besucher durch die beiden Etagen. Falken- und Reiher-Motive überall, auf Bildern und Tapeten, in Stuck und Fliesen. Viel Pracht auch im Salon, Speisezimmer, Spiegelkabinett oder Schlafzimmer.

Eine Dauerausstellung im früheren Pferdestall informiert über die Beizjagd.

__Anfahrt__: Mit der __Bahn__ bis Bahnhof Brühl; __Auto__ A 555 bis Abfahrt Godorf,
Wegweiser Schloss Augustusburg
Vom Bahnhof bzw. Parkplatz durch den Schlosspark, dort links durch den Wald in reizvollem Spaziergang (halbe Stunde, ausgeschildert) zum Schloss Falkenlust
Alternativ in Brühl direkt Falkenlust anfahren
***Schloss Falkenlust:** Di-Fr 9-12h und 13.30-16h; Sa, So, feiertags 10-17h.*
Eintritt: Erw. 3 Euro, Schüler/Studenten 2 Euro
***Weitere Infos:** Schlossverwaltung, Tel. (02232)44 000*
www.schlossbruehl.de

Der Aussichtspunkt Tagebau Hambach zeigt den rheinischen Braunkohleabbau

Kostbare Kohle

Der Ausblick ist überwältigend. In einem riesigen grauen Loch grummeln stählerne Ungetüme und endlose Förderbänder. Der Besucher steht auf dem „Aussichtspunkt Tagebau Hambach“, mitten im rheinischen Braunkohlengebiet, dem größten noch aktiven Revier in Deutschland.

Drei von vier Tonnen Braunkohle, die in der Bundesrepublik gefördert werden, kommen aus diesem Gebiet im Dreieck Köln, Aachen und Mönchengladbach. 100 Millionen Tonnen im Jahr, davon wiederum 40 Millionen aus der Grube, die den Namen des benachbarten Dorfes Hambach trägt. Der vom Betreiber RWE gestaltete Aussichtspunkt lässt tief blicken: Mehr als 400 Meter haben sich die Schaufelräder in die Erde gefressen. 700 Millionen Kubikmeter Löß,

Jede Menge Kohle: Schaufelradbagger in Hambach

Kies, Sand und Ton wurden von 1978 bis 1990 abgetragen, um an die Kohle zu kommen.

Von Baggern verschont: Schloss Pfaffendorf

Sieben Schaufelradbagger, 100 Meter hoch und 225 Meter lang, schaffen täglich 240.000 Kubikmeter Erde oder Kohle. 100 Kilometer Bänder bringen das Fördergut zu Kohlebunkern und Abraumbergen.

Im Schloss Paffendorf ganz in der Nähe präsentiert der Energiekonzern (leider nur am Wochenende) eine Schau zur Technik der rheinischen Braunkohlenindustrie, die 15 Prozent des deutschen Strombedarfs deckt. Erlebenswert ist der frei zugängliche Naturpark rund um das Schloss.

__Anfahrt:__ A 555/A 4 Richtung Aachen, am Kreuz Kerpen auf A 61 Richtung Mönchengladbach bis Abfahrt Bergheim (nicht Bergheim-Süd!), rechts Richtung Elsdorf, nach 500 m erneut rechts, dann direkt links, im Kreisverkehr Beschilderung „Aussichtspunkt Tagebau Hambach" folgen

Paffendorf ist ebenfalls ausgeschildert. Das Schloss liegt unweit der Kirche in der Ortsmitte

__Schloss Paffendorf:__ Ausstellung: Sa, So & feiertags 10-17h, Eintritt frei

__Weitere Infos:__ Infozentrum Schloss Paffendorf

Tel. (02271) 75 11 477

www.rhein-erft-tourismus.de, www.rwepower.com

Die Geschichte von Ahrweiler ist voller Angriffe auf das Bürgerleben, aber die vielen Bauten zeugen auch von Reichtum und Wohlstand

Ein zähes Völkchen

Geplündert, in Brand gesetzt, mit Kanonen beschossen, von Flugzeugen zerbombt: Ahrweiler hat Schlimmes erlebt und überlebt. Ein zähes Völkchen wohnt hinter den stattlichen Mauern, die einst zur Abwehr Fremder gedacht, heute die Besucher zu Tausenden anlocken. Ein Bummel durch dieses quicklebendige Freiluft-Museum ist zu jeder Jahreszeit lohnend, vor allem wegen der vielen historischen Bauten.

Das Faltblatt „Ahrweiler zu Fuß" weist den Weg, zu haben in der Tourist-Information. Dem Geist des Ortes gerecht residiert sie neuerdings im sorgsam restaurierten „Blankarts-

hof". Als der Ritter von Fischenich 1256 hier seinen Sitz erbaut, haben die Prümer Mönche gerade ihre Ansprüche auf ihr Ahrweiler Besitztum an den Kölner Erzbischof Konrad von Hochstaden abgegeben. Die von Blankarts kaufen 100 Jahre später den Hof, verdienen als Schöffen, Bürgermeister und Vögte nicht schlecht, errichten 1680 einen stolzen barocken Neubau auf ihrem Areal. Zum Hof gehören die erhaltene Mühle mit funktionsfähigem Wasserrad und eine Zehntscheuer.

Über Jahrhunderte ist Ahrweiler nach Bonn Filialhauptstadt des Kölner Erzstiftes. Daraus erwachsen Reputation und Wohlstand, der sich in den erhaltenen Bauten dokumentiert. Etwa im barockisierten dreigeschossigen Turmhaus aus dem 14./15. Jh., einem Adelssitz, der heute das Stadtmuseum beherbergt („Weißer Turm"). Oder im heutigen „Hotel zum Stern" am Markt, schon 1423 in einer Chronik erwähnt, seit 1624 als Herberge verbürgt, 1689 mit nur neun anderen Gebäuden vom großen Stadtbrand verschont, weil das Haus Offiziersquartier französischer Erobertruppen war. Von 1778 stammt das Alte Rathaus gegenüber mit seiner schönen Fassade, ein Zeugnis des späten Rokoko.

Prachtvolle Fassaden: das ehemalige Ahrweiler Rathaus (oben rechts) und das Wolff'sche Haus, dessen markante Schnitzfiguren aus dem Jahr 1621 stammen (unten)

Mit viel Fachwerk präsentiert sich eine Fülle mehrere hundert Jahre alte Bürgerhäuser. Das prächtigste ist zweifelsohne das Wolff'sche Haus mit seinem markanten, von Schnitzfiguren getragenen Erker, erbaut 1621 vom Ratsherrn Henricus Hartmann und seiner Frau Dorothea Wolffes. Dagegen kontrastiert das in seiner schlichten Würde strahlende typische Bürgerhaus, datiert um 1600, dort, wo sich Auf dem Teich und Schützbahn treffen. An das alte Brauhaus erinnert ganz in der Nähe leider nur noch ein Wappenstein von 1766. Als es in Betrieb war, durfte hier jeder Bürger seinen Gerstensaft selbst brauen. Drei historische Backhäuser („Backesse") sind hingegen noch erhalten und werden gelegentlich von den Ahrweiler „Huten" aktiviert.

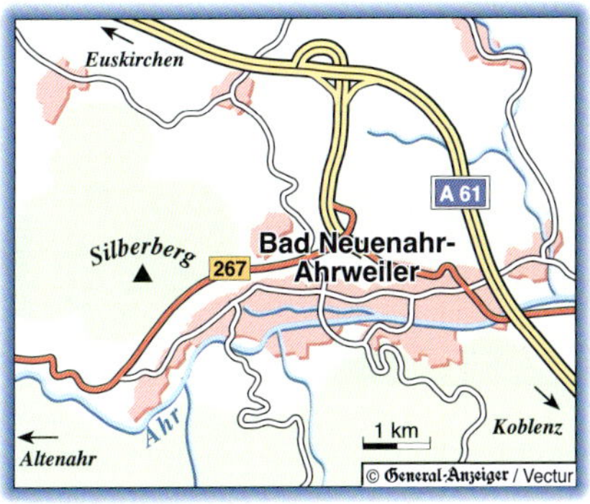

Anfahrt: *mit der Deutschen* ***Bahn*** *über Remagen bis Ahrweiler-Markt (ab Bonn z.T. durchgehende Züge), mit dem* ***Auto*** *über A 565/A 61/A573.*
Lesetipp: *Stadtführer „Ahrweiler" von Hans-Georg Klein, Gaasterland-Verlag, 4,95 Euro, erhältlich in der Tourist-Information und im örtlichen Buchhandel*
Weitere Infos: *Ahrtal-Tourismus, Blankartshof 1, 53474 Bad Neuenahr-Ahrweiler, Tel. (02641) 9171-0*
info@ahrtaltourismis.de; www.ahrtaltourismus.de

Am Silberberg bei Ahrweiler gibt es Pfeiler ohne Brücke, einen Klettergarten – und ein Mahnmal gegen den Krieg

Die Unvollendete

Die Älteren sprechen noch von der „strategischen Bahn", wenn sie einem erklären, warum hoch über Ahrweiler gewaltige Brückenpfeiler scheinbar sinnlos in den Himmel ragen und verschlossene Tunnelmünder in den Weinbergen bis Dernau Rätsel aufgeben. Der Wanderer steht vor den Relikten eines unvollendeten Eisenbahnprojektes, das Preußen einst unter dem Deckmantel ökonomischer Fortschritt-Erfordernis militärische Vorteile gegenüber dem „Erbfeind" Frankreich verschaffen sollte.

Die 1911 begonnene Strecke sollte als „Ruhr-Mosel-Entlastungslinie" von Neuß über Liblar bei Brühl, Rheinbach und

Spannende Relikte: Die Brückenpfeiler des preußischen Eisenbahnprojekts (unten links) und der Tunnelmund am Silberberg (links)

Grafschaft quer durch die Voreifel hinunter zum Winzerort Rech führen und dort über die Ahrtal-Linien einen weiteren Schienenweg zu den Kohlefeldern an der Saar und in Lothringen eröffnen. Nach dem 1. Weltkrieg bestimmte der Versailler Vertrag, dass zwar weiter gebaut werden durfte, aber nur noch ein- statt zweigleisig. Erst als die Franzosen 1923 das Rheinland besetzten, kam der endgültige Stopp für die Eisenbahner, die alle Tunnel fertig und den Viadukt über das Adenbachtal oberhalb von Ahrweiler bereits eingeschalt hatten, wie alte Fotos zeigen.

Während der Besucher an den sechs Pfeilern der unvollendeten Talbrücke zuweilen die waghalsigen Akteure eines professionell betriebenen Klettergartens beobachten kann, erzählt ihm der Tunnelmund am Silberberg nebenan ein Kapitel lebendige Geschichte. 1935 reifte die Idee, im feuchten Dunkel Champignons im großen Stil zu züchten. Tatsächlich wurden die Produkte bald im ganzen „Reich" frisch oder als Konserven vertrieben und die „Ahr-Edel-Pilzzucht-Genossenschaft" von der NSDAP als beispielhafte Arbeitsbeschaffungsmaßnahme gefeiert.

1944/45 fanden dann rund 2.400 Menschen in einer Art Stadt im Berg Schutz vor Bomben und Tieffliegerattacken. Mit viel Liebe zum Detail hat der Heimatverein Alt-Ahrweiler im Eingangsbereich die Situation im Groß-Bunker rekonstruiert. Da stehen die für Briefträger und Arzt nummerierten „Büdchen", in denen Familien und Nachbarschaften unter einfachsten Bedingungen monatelang „wohnten".

Der Verein hat sein kleines Freilichtmuseum zudem als Mahnmal gegen den Krieg gedacht – auch zur Erinnerung an 155 Mitbürger, die bei Fliegerangriffen ums Leben kamen, weil sie nicht rechtzeitig im Silberberg Schutz gesucht hatten.

Beliebt bei Kletterern: einer der sechs Pfeiler der unvollendeten Talbrücke

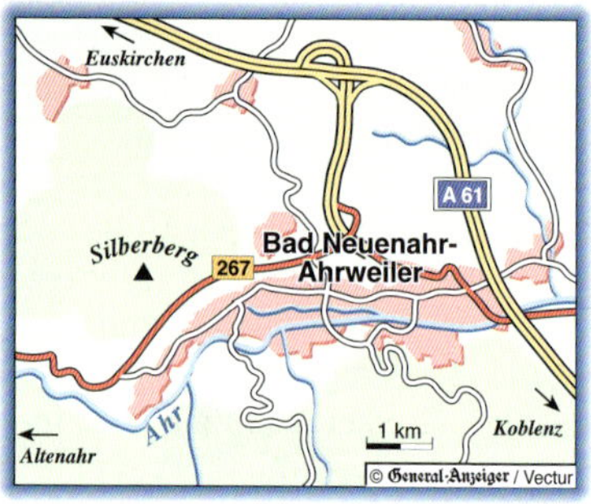

__Anfahrt:__ Mit der Deutschen __Bahn__ bis Ahrweiler-Markt (ab Bonn stündlich durchgehende Züge)
Mit dem __Auto__ über A 61/A 573
Fußweg vom Bahn-Haltepunkt „Ahrweiler-Markt" bzw. Adenbachtor hinauf, vorbei am Klettergarten, an den Brückenpfeilern links ab („Rotweinwanderweg") und an der nächsten Wegeinmündung noch vor dem „Weltjugendtagskreuz" rechts zur Gedenkstätte „Silberberg"
__Weitere Infos:__ Tourismus und Service GmbH, Tel. (02641) 97 730
info@wohlsein365.de, www.wohlsein365.de

Das Kloster Marienthal ist ein lohnendes Ausflugsziel an der Ahr

Platz im Himmel

Sie hatten gut leben, die Augustinerinnen in Mariaevalis, in Marienthal. Sie besaßen ertragreiche Weingärten an den Ahr-Hängen rundum, Äcker und Wälder bis hinauf in die Voreifel. Sie betrieben eine Brennerei und eine Bäckerei, bauten Häuser für Kranke und für Gäste, alles unter wohlwollender Förderung der Grafen von Are, Hochstaden, Saffenburg und anderer regionaler Herrschaften, die sich auf diese Weise ihren Platz im Himmel zu sichern gedachten.

1136 wird Marienthal nahe „degernavale", dem heutigen Dernau, als erstes Kloster im Ahrtal gegründet. Abt Borno,

Marienthal: das erste Kloster im Ahrtal

Chef der mächtigen Abtei von Klosterrath im niederländischen Limburg, erhält von Adolf, dem Herrn der Saffenburg (hoch über Mayschoss, s. „D'heins Regio-Tipps, Band 2), die Bauerlaubnis. 37 Augustinerinnen ziehen ein. Es sind meist Töchter aus dem niederen Adel, die hier mehr oder weniger freiwillig ihre Heimat hinter Klostermauern finden.

Der Dreißigjährige Krieg beendet die Idylle am Ahr-Ufer. Marodierende schwedische und französische Truppen verwüsten 1646 die Anlage. Zwar schaffen die Augustinerinnen einen Neuanfang, errichten 1699 einen barocken Neubau, aber gut hundert Jahre später kommt mit Napoleons Einmarsch die Aufhebung des Klosters, die Gebäude werden zum Steinbruch. Nur die von Efeu umrankte Ruine der Kirche und ein Rokoko-Anbau künden heute noch vom Leben der Nonnen, die übrigen gepflegten Gebäude rund herum sind neueren Datums.

Lange Jahre waren die Güter von Marienthal Weindomäne des Landes Rheinland-Pfalz. 2005 kauften zwei Nobel-Winzer und zwei Weinbaugenossenschaften den Staatsbesitz und richteten eine gutbürgerliche Gastronomie „drinnen und draußen" mit Weinverkauf ein. Sogar in den Mauern der Kirche darf gefeiert werden.

*Anfahrt: Ahrtal-**Bahn** stündlich ab Bonn bis Walporzheim oder Dernau, von dort zu Fuß auf dem Rotweinwanderweg oder im Tal nach Marienthal*
*Mit dem **Auto** über A 61 bis Abfahrt Bad Neuenahr-Ahrweiler, dann B 267 Richtung Altenahr bis Marienthal, Zufahrt zum Kloster gestattet (ausgeschildert, „Nur für Anlieger")*
***Tipp:** Ein kleiner Abstecher vom Kloster bergauf führt zum Eingang des ausgeschlachteten Regierungsbunkers, dessen Stollen kilometerweit in die Ahrberge reichen*
***Weitere Infos:** Ahr Rhein Eifel Tourismus, Klosterstraße 3-5, 53507 Marienthal, Tel. (02641) 97 73 0*

Bei Pützfeld an der Ahr thront eine Kirche auf dem Fels

In Sichtweite

Der Regierungsoberamtsrat a.D. Rudolf Michael Thomi kennt seit einem halben Jahrhundert nur eine Leidenschaft: „seine" Kirche. 1955, als 25-Jähriger, übernahm er die Verwaltung des kleinen Gotteshauses hoch auf dem Fels der Biebelsley unweit Pützfeld an der Ahr. Seitdem hegt und pflegt er ohne einen Cent Salär ein „außergewöhnliches Zeugnis frühbarocker Frömmigkeit" (Kunsthistoriker Pater Bernd Schrandt), für das zuvor niemand so richtig zuständig sein wollte.

Die bekannte Marien-Wallfahrtsstätte ist Ziel von Pilgern und Kunstfreunden gleichermaßen. Freiherr Werner Dietherich von Freymerstorff errichtete die Kapelle 1681 – in Sichtweite und in gleicher Höhe seiner Burg auf der anderen Ahr-Seite. Der kostbare Hochaltar stammt aus der Werkstatt des bedeutenden Bildhauermönches Michael Pirosson.

Das Gotteshaus blieb im Besitz rheinischer Adelsfamilien, bis es im Zweiten Weltkrieg bei Bombenangriffen beschädigt und 1947 von den Familien von Ohlen und von Niesewand der Gemeinde Pützfeld geschenkt wurde. In deren Namen sorgte Kustos Thomi zunächst für die aufwändige Restaurierung.

Bekannte Wallfahrtsstätte: Marien-Kirche bei Pützfeld

Da hier nie ein Pfarrer das Sagen hatte, war die Kirche keinen Ausstattungsmoden ausgesetzt. So blieb das barocke Inventar in seiner ursprünglichen Form erhalten. 1974 gestohlene Heiligen-Figuren schaffte die Polizei zurück. Außer Antonius, der nur noch als Kopie in einem Seitenaltar steht.

Verschwunden ist allerdings der Nackte mit Löwenfell, der einst die Kanzel trug. Die Frauen hatten sich Fruchtbarkeit versprochen, wenn sie ihn küssten. Trierer Kirchenobere machten diesem „heidnischen Treiben" um 1900 ein Ende.

Anfahrt: *Mit der* ***Ahrtalbahn*** *bis Kreuzberg.*
Mit dem ***Auto*** *A 565/B 257 vorbei an Altenahr bis Kreuzberg, Pützfeld oder Brück, von dort jeweils zu Fuß zur weithin sichtbaren Kapelle*
Weitere Infos: *Tourist-Information, Tel. (02643) 8484*
www.altenahr-ahr.de

In der Nähe von Trier überrascht die berühmte Igeler Säule mit Reliefs aus der Römer-Zeit

Himmelfahrt des Herkules

Goethe schwärmte überschwänglich: „Ein herrliches Denkmal, den würdigsten Menschen, ihren Lebens genüssen und Verdiensten gar wohl errichtet." Was dem Dichterfürsten „wie der Leuchtturm einem nächtlich Schiffenden entgegenglänzte", ist auch heute noch ein bewundernswertes Zeugnis vergangener Hochkultur: das einzige an seinem originalen Standort erhaltene römische Pfeiler-Grabdenkmal diesseits der Alpen, bekannt und be-

Geschichte mit Geschichten: Die Reliefs der „Igeler Säule" erzählen vom Tuchhändler-Gewerbe

rühmt als „Igeler Säule“. Igel, acht Kilometer moselaufwärts von Trier, ist zunächst einmal ein Dorf wie viele. Doch plötzlich, mitten im Ort, steht der Besucher überrascht vor der immerhin 23 Meter hohen, mit reichlichen Reliefs geschmückten Sandstein-Säule. Als Johann Wolfgang von Goethe am 26. August 1792 auf dem Weg nach Luxemburg dorthin kam, muss es ihm ähnlich ergangen sein.

Um 250 n. Chr. errichtete die reiche Tuchhändler-Familie der Secundinier das mächtige Totenmal. Die Kaufleute hatten es in Trier, dem „zweiten Rom“, zu Reichtum gebracht, im heutigen Igel stand ihre vornehme Land-Villa. Die auffallende

Bildsäule bauten sie direkt an die in der Antike viel genutzte Straße von Trier nach Metz und nutzten sie praktischerweise nicht nur dem Andenken verstorbener Angehöriger, sondern auch zur Firmenwerbung. Die Reliefs erzählen, wie Tuche abgeliefert, geprüft und registriert werden, wie drei Pferde einen mit großen Stoffballen beladenen Wagen ziehen und wie Esel vollbepackt Waren durch ein Gebirge schleppen.

Andere Szenen zeigen die Secundinier beim Familienmahl. Dienstboten kochen, schenken den Wein aus und räumen das Geschirr ab. Daneben zieren Darstellungen aus der römischen Mythologie die Säule, etwa die Himmelfahrt des starken Herkules, dem bis auf die Ferse unverwundbaren Achilles oder von Perseus und der von ihm befreiten Andromeda.

Dass die Igeler Säule bis heute erhalten geblieben ist und deshalb als Weltkulturerbe der Unesco geadelt werden konnte, verdankt sie wohl einem Irrtum. Sie wurde im Mittelalter für ein Denkmal der Heiligen Helena, der Mutter Kaiser Konstantins, gehalten und deshalb durch die Jahrhunderte gepflegt.

__Anfahrt:__ A 61 bis Mendig, von dort vorbei an Mayen zur A 48. Über A 48 /A 1/A 602 nach Trier, weiter auf der B 49 Richtung Luxemburg bis Igel

__Weitere Infos:__ Gemeinde Igel, Trierer Straße 39, 54298 Igel, Tel. (06501) 12 447

og-igel@t-online.de, www.gemeinde-igel.de

Im Weinort Pünderich an der Mosel bestticht vor allem das gepflegte Fachwerk

Freier Blick auf steile Weinberge

Es ist Mosel-Winzer-Wein-Romantik pur. Kaum ein anderer Ort zwischen Koblenz und Trier hat im alten Kern soviel Ursprüngliches wie Pünderich im Kreis Cochem-Zell. Liebevoll gepflegtes und restauriertes Fachwerk in Pflaster-Gassen und Gässchen, manche nur meterbreit, in einem Ensemble, einmalig in dieser Geschlossenheit an der Mittelmosel. Das schmucke Rathaus von 1548 mit seinem runden Treppenturm und das nicht weniger imponierende Fährhaus von 1621 lassen erahnen, wie gut es vor Jahrhunderten denen gegangen sein muss, die hier den Saft der Trauben zu Wein veredelten.

Auch heute noch ist Pünderich nicht gerade ein armes Dorf. Die Lagen Goldlay, Rosenberg, Nonnengarten und Marienburg bringen gutes Geld für Vollzeit- und Nebenerwerbswinzer, davon zeugen die vielen schmucken Neubauten. Der Reiz des Dorfes aber liegt zwischen der romanischen Kirche Maria Himmelfahrt mit ihrer prächtigen barokken Ausstattung und dem Fluss. Ständen nicht Autos auf den Höfen, man könnte glauben, die Zeit sei stehen geblieben. Die mit 15, 16 und 17 beginnenden Jahreszahlen zwischen den zum Teil aufwändigen Schnitzereien an den rot-weißen und schwarz-weißen Fachwerkfassaden schreiben einen schönen Teil der Geschichte des schon zur Römerzeit besiedelten Fleckens Pontiacum, der seiner Fähre (lat. pont) den Namen verdankt.

„Betrieb“ herrscht hier nicht, beschauliches Bummeln ist angesagt, verbunden mit entspannten Pausen auf einer Bank am autofreien Ufer mit freiem Blick auf die steilen Schiefer-Wingerte, gekrönt vom säkularisierten Kloster Marienburg (s. auch „D’heins Regio-Tipps, Band 1). Info-Tafeln helfen beim Erkunden. Da gibt es das Haus derer von der Leyen mit einem Wappen des Trierer Kurfürsten Johann VI. Oder ein schmales, zweigeschossiges Prachtstück mit „Zwergwalmgiebeldach“. Neben dem von Efeu bewachsenen gotischen Rathaus (später Schule, heute Wohnhaus) steht ein Zehnthaus. Wie eine Urkunde aus dem Jahr 1600 bezeugt, wurden dort die Naturalsteuern der Bauern, vorzugsweise Feldfrüchte und Wein, nach genauen Schlüsseln auf die Klöster Marienburg und Eberhardsklausen, auf den Herzog von Aremberg und die Grafen von Eltz und Manderscheid aufgeteilt. Ungewöhnlich ist das herrschaftliche barocke Haus mit einer lupenreine Jugendstil-Tür: Hier setzte sich 1785 ein offenbar wohlhabender Pfarrer aus dem benachbarten Ürzig zur Ruhe.

Auf dem gegenüberliegenden Ufer fällt der Blick auf einen Eisenbahnviadukt, noch heute einer der längsten in Europa.

Immer an der Mosel entlang: Blick auf den längsten Eisenbahnviadukt Europas (unten) und den Ort Pünderich aus der Vogelperspektive (links)

Die Strecke wurde im Jahr 1879 von den Preußen für die Distanz Koblenz-Trier aus Mitteln gebaut, die von Frankreich nach dem verlorenen Krieg von 1870/71 aufgebracht werden mussten. Wegen ihrer ehemaligen strategischen Bedeutung auf der Achse Berlin – Metz (damals deutsch) heißt die Linie heute noch Kanonenbahn.

Romantik pur: eines von unzähligen alten, liebevoll restaurierten Fachwerkhäusern (links)und über Mosel und Schiefer-Wingerten das Kloster Marienburg (unten)

Anfahrt: *A 565 / B 257 vorbei an Altenahr bis Kelberg, von dort nach Daun, weiter auf B 421 über Kinderbeuren, hinter Bengel rechts ab Richtung Reil (Panorama-Blick vom „Reiler Hals" auf das gewundene Moseltal mit Pünderich und auf den Viadukt der Moselbahn), dann hinunter nach Reil, über die Brücke links auf B 53 nach Pünderich*

Tipps: *Mit der Fähre übersetzen und zur Marienburg aufsteigen (30 min., Restauration). Die Fähre fährt dienstags und donnerstags nicht! Fahrzeiten: 8-12 und 13-18.15h, Sa + So nur bis 16.45h. Erwachsene 1 Euro*

Bei Bengel Abstecher zur sehenswerten barocken Klosterkirche Springiersbach (ausgeschildert)

Weitere Infos: *Tourist-Info, Raiffeisenstraße 3, 56862 Pünderich, Tel. (06542) 90 00 21*

www.puenderich.de

Hoch über Kobern an der Mosel steht eine einzigartige Kapelle

Hauptstadt des Apostels

Schon der Weg ist ein Erlebnis. Wer von Kobern-Gondorf aus den Kreuzweg vorbei an der Ruine der Niederburg hinauf zur Oberburg steigt, sieht weithin die Matthiaskapelle hoch auf einem Bergrücken thronen. Die nicht allzu mühsame Kraxelei durch die Weinberge eröffnet immer wieder neue Perspektiven auf ein romantisches Mosel-Panorama.

Schriftliche Quellen zur Entstehung des sechseckigen freistehenden Gotteshauses, das als einziger romanischer Zentralbau nördlich der Alpen gilt, fehlen. Forscher datieren die Kapelle vom Stil her zwischen 1220 und 1240, als die Spätromanik zur Frühgotik überging, als aus den Rundbögen Spitzbögen wurden.

Der markante Grundriss, das Sechseck, lässt darauf schließen, dass der Bauherr vom Orient beeinflusst war. Insbeson-

Höchst romantisch: Blick auf die Koberner Oberburg (unten) mit der Matthiaskapelle (oben rechts)

dere im Inneren wirkt das Gebäude wie eine byzantinische Kirche und ist der Grabeskirche in Jerusalem nachempfunden.

So glaubt man denn auch gerne die Geschichte, dass ein Ritter Heinrich von Isenburg-Kobern an einem Kreuzzug teilnahm und von dort eine Reliquie als Beute mitbrachte, die als Haupt des Apostels Matthias verehrt wurde. Bis Ende des 14. Jahrhunderts wurde diese Reliquie auf dem Berg über Kobern aufbewahrt, heute ruht sie in der mächtigen Abtei St. Matthias in Trier und ist dort jedes Jahr Ziel tausender Wallfahrer.

Etwa 200 Jahre älter ist die Koberner Oberburg, zu deren Areal die Kapelle gehört. Von dem Herrensitz ist nur noch der Bergfried erhalten. Zunächst Ritter-Residenz, verlor die Festung an Bedeutung, als sich die von Isenburgs in der Niederburg bequemer setzten.

Bergfried und die wild umrankten Grundmauern und Wälle dieser Anlage machen auch diesen Platz auf halber Höhe über dem Moseltal zu einer höchst romantischen Angelegenheit.

Anfahrt: *Mit der* ***Bahn*** *über Koblenz (umsteigen), Fahrtzeit ca. 60 Min.*
Mit dem ***Auto*** *A 61 bis Abfahrt Winningen, von dort auf dem gleichen Moselufer flussaufwärts (B 416) nach Kobern-Gondorf*
Fußweg zur Oberburg/ Matthiaskapelle etwa 30 Min.; Auffahrt mit PKW möglich
Matthiaskapelle: *Innenbesichtigung nur Sonntag vor Ostern bis Allerheiligen (1. Nov.) an Sonn- und Feiertagen 11-17h. Aufstieg und Außenbesichtigung lohnen aber jederzeit*
Führungen ganzjährig über Tel. (0180) 52 21 360
Gastronomie neben der Oberburg (hochwertig) und im hübschen Moselort
Weitere Infos: *Touristik Kobern-Gondorf, Abteihof, Tel. (02607) 19 433*
tourist@kobern-gondorf.de, www.kobern-gondorf.de

Bei Bad Tönisstein gibt es eine wild-romantische Wolfsschlucht

Heiße Bescherung

Eigentlich ist es ein Jammer: Da liegt in idyllischem Tal ein barockes Schlösschen – einst eine Art Sommerhaus der Kölner Kurfürsten, dann Kurbad, schließlich Suchtklinik und nun dem drohenden Verfall entgegendämmernd. Zukunft ungewiss. Von Bad Tönisstein im Brohltal ist die Rede.

Noch ist das von Wald und Fels umschlossene Ensemble ansehnlich. Der prachtvolle, farbenfrohe Wappenstein über dem Hauptportal erinnert an die herrschaftlichen Kölner Bauherren, die sich hierhin gelegentlich zurückzogen, wenn es ihnen in der Bonner Residenz oder im Brühler Schloss zu heiß wurde.

Oder wenn sie das Zipperlein plagte. Immerhin versprechen die schon ab dem 1. Jahrhundert n. Chr. von den Römern genutzten Tönissteiner Natron-Lithium-Quellen Lin-

Trauerspiel: Das barocke Schlösschen droht zu verfallen

Wilde Romantik: Die canyonartige „Wolfsschlucht", aus erkaltetem Aschestrom entstanden, ist ein beliebtes Wanderziel

derung bei Nieren-, Blasen und Magenproblemen. Einsam sprudelt heute der „Angelika"-Bronn im barocken Kuppelbau, die „Kurfürstenquelle" ist bereits traurig versiegt, seitdem die Spezialklinik Mitte 2005 das einst elitäre Kur- und Kneippbad aufgegeben hat.

So bleibt Tönisstein, dessen Namen auf ein früheres Karmeliterkloster aus dem 14. Jahrhundert („Antoniusstein") zurückgeht, heute in erster Linie Ausgangspunkt für eine etwa einstündige Wanderung (ausgeschildert), einen Bach aufwärts in die wild-romantische „Wolfsschlucht". Canyonartig hat sich das Gewässer durch erkalteten Aschestrom aus dem nahen Laacher-See-Vulkan gegraben. Rauschende Stromschnellen und, die Krönung, ein fünf Meter hoher Fall sind das eindrucksvolle Ergebnis.

Die Schlucht ist durch gesicherte Wege und Stege gut erschlossen, das nachvulkanische Geschehen wird auf Infotafeln erläutert. So erfährt der Freizeitforscher, wie die Katarakte entstanden, die ihren berühmten Vorbildern am Nil im Mini-Format nacheifern. Vor etwa 13.000 Jahren jagte die heiße Bescherung mit Raketentempo durch das Tönissteiner Tal, begrub die Vegetation und verstellte dem Bach den gewohnten Fluss. Es dauerte Jahrtausende, bis die natürliche Kraft des Wassers den neuen Weg geschaffen hat, den wir heute inmitten urwaldähnlicher Flora bestaunen können.

Erinnerung an den Kölner Kurfürst: der Wappenstein ist noch prachtvoll anzuschauen

__Anfahrt:__ B 9 bis Brohl, von dort Richtung Maria Laach, unmittelbar am historischen Steinviadukt der Brohltalbahn links ab bis Bad Tönisstein (nicht vorher zum Tönissteiner Mineralbrunnen abfahren!)
Wander-Parkplatz gegenüber dem Bad
Wer die „Wolfsschlucht" direkt erreichen will, fährt vom Bad ca. 1 km weiter aufwärts Richtung Maria Laach bis zur Einmündung der Straße nach Kell und parkt dort
__Weitere Infos:__ Tourist-Info Brohltal, Kapellenstr. 12, 56651 Niederzissen
Tel. (02636) 97 40 410
tourist@brohltal.de
www.brohltal.de

Die Basilika von Maria Laach wurd im Herbst 2006 850 Jahre alt. Zusammen mit dem Laacher See ist das romanische Meisterwerk eine Erste Adresse des regionalen Tourismus

Ein Sieg von Flora und Fauna

Hermann Höfer geriet ins Schwärmen. „Maria Laach", sagte der Bürgermeister, „ist vielleicht sogar der schönste Ort Deutschlands". Zumindest aber ist dieser Platz nicht nur für den 2007 verstorbenen Chef der Verbandsgemeinde Brohltal „einer der schönsten Winkel" der Region. Rund 1,5 Millionen Menschen zieht es jedes Jahr zu Basilika und See im Laacher Vulkankessel.

Diese Erste Adresse des regionalen Tourismus ist einer Katastrophe zu verdanken. Vor etwa 13.000 Jahren explo-

Höhepunkt der Baukunst: 1156 wurde die romanische Basilika eingeweiht

Maria Laach: Rund 1,5 Millionen Menschen zieht es jedes Jahr zur Basilika und an den See im Laacher Vulkankessel

dierte die Erde, der gewaltigste Vulkanausbruch diesseits der Alpen förderte riesige Mengen 1.300 Grad heißen Magmas, schleuderte Steine und Asche bis zu 40 Kilometer hoch. Glutlawinen rasten durch die Täler, im Radius von 50 Kilometern erstickte die Vegetation unter einer meterhohen Staub- und Schlackeschicht.

Die Zeit heilte die Wunden in diesem Teil der Osteifel. Flora und Fauna besiegten die Öde. Prächtige Wälder siedelten sich auf den Hängen und Kuppen der Vulkankegel an. Und zwischen Veitskopf, Lorenzfelsen, Krufter Ofen und Thelenberg blieb in einem steil abfallenden Erdeinbruch das Grundwasser stehen – „lacus“, der See der römischen Eroberer, zum „Looch“ verballhornt, dann zu „Laach“ geworden.

Menschen mieden über Jahrhunderte die aus damaliger Sicht eher unwirtliche Region. Bis Pfalzgraf Heinrich II. 1093 die Benediktiner für die Gegend erwärmte. Der Kleinfürst hatte zwar schon einen Burgenstützpunkt am Ostufer des Sees, aber erst die von Trier hierhin umgezogenen Mönche brachten Leben nach Maria ad lacum. Sie machten das Land urbar, sie errichteten Kloster, Ökonomiegebäude und schließlich die herrliche romanische Basilika, die 2006 ihr 850-jähriges Weihejubiläum feierte und zu den Höhepunkten mittelalterlicher Baukunst zählt.

Kloster und Kirche ziehen seitdem die Menschen an. Fromme Pilger und neugierige Touristen bevölkern die ehrwürdigen Mauern und den idyllischen See. An den berühmtesten Besucher erinnert ein Relief aus Tuffstein an der Mauer der Klostergaststätte: Am 28. Juli 1815 ließ sich Johann Wolfgang von Goethe mit dem Reichsfreiherrn Karl vom und zum Stein von der „Abtay Laach“ begeistern. Der Poet und der Verwaltungsreformer standen allerdings vor verödeten Klosterzellen, denn die Mönche waren 13 Jahre vorher von Napoleons Besatzern vertrieben worden, die

Wirtschaftsbetriebe in Privatbesitz. Die Gedenk-Skulptur stammt aus der Werkstatt des Klosterbruders Tutilo Haas. Er war einer der Künstler, die im Kloster ebenso traditionell „beten und arbeiten“ wie Geistes- und Naturwissenschaftler, Viehzüchter, Fischer und Gärtner in Mönchskutte.

Ob Goethe und sein Freund Stein am Ufer spazierten, ist nicht überliefert, aber anzunehmen. Denn auch heute ist Maria Laach für den Besucher die Einheit von Kirche und See. Das 331 Hektar große Gewässer lockt zum Rudern, Tretbootfahren, Schwimmen im Strandbad des Campingplatzes, Segeln, Surfen und Kajaken mit eigenem Gerät oder zum Angeln.

Die Masse der Besucher hält es aber am Ufer: Der Spaziergang hinunter zum See ist ein Muss. Wer mehr Zeit und Kondition hat, wandert einmal rund auf dem Uferweg (8 km, etwa zwei Stunden). Oder er wählt die sechs Kilometer längere „Geo-Route L“, die am Haus Waldfrieden bei Wassenach startet und an einigen Stellen das Ufer zu lohnenden Aus- und Ansichtspunkten verlässt, darunter der „Lydiaturm“ des Eifelvereins mit herrlichem Seeblick.

Beide Wege führen vorbei am „Fulbertstollen“, einem technischen Meisterwerk des Mittelalters. Der heute 53 Meter tiefe See war noch weit ausladender und reichte bis an die Abtei heran, bevor der Wasserspiegel im 12. Jahrhundert um fünf und dann erneut im 19. Jahrhundert um weitere zehn Meter abgesenkt wurde. Wie die Eifel-Maare hatte dieses Gewässer zunächst keinen Abfluss. Das führte im Mittelalter bei starkem Regen zu Hochwasser und Überflutung der Klosteransiedlung.

Deshalb ließ Fulbert, der zweite Laacher Abt, bereits um 1160 eine 800 Meter lange Röhre am südlichen Ufer durch den vulkanischen Ringwall graben. Durch diese für die damalige Zeit höchst ungewöhnliche Tiefbauleistung entstand ein künstlicher Austritt, mit dem der Seespiegel gesenkt wurde und zugleich der Wasserstand reguliert werden konnte. Am südlichen Ufer befindet sich der renovierte Einstieg in den

Kunst im Kloster: Die Bildhauerei hat Tradition bei den Mönchen von Maria Laach

Freizeit am See: Das 331 Hektar große Gewässer lockt zum Rudern, Tretbootfahren, Schwimmen im Strandbad, Segeln und Surfen

Stollen mit einer anschaulichen Erläuterungstafel. Dort wird dargelegt, wie die Pioniertat realisiert wurde. Der Fulbertstollen gilt als ältester Tunnelbau nördlich der Alpen. In seinem Innern leben heute vor allem Fledermäuse. Deshalb und aus Sicherheitsgründen darf er nicht begangen werden.

Herzlich willkommen sind Besucher hingegen in den Klosterbetrieben. Mit einem flotten Folder inklusive Gewinnspiel („3. Preis: Ein Tag unterwegs mit dem Abtei-Fischer") wirbt der jugendlich-frische Abt Benedikt Müntnich heute für Öko-Hofladen, Seehotel, Klostergastronomie mit Biergarten, Bildhauerei, Kunstschmiede und die gut sortierte Buch- und Schmuckhandlung.

Ein Muss ist die Gärtnerei allein schon wegen ihrer exotischen Kakteenschau – und der köstlichen Marmelade aus der Klosterküche. Ein „Steinlehrpfad" führt zum Naturkundemuseum mit eindrucksvollen Exponaten zur Tierwelt

Zeittafel

Um 11.000 v. Chr.	Letzter Ausbruch des Laacher-See-Vulkans
1093	Stiftung des Klosters
1093-1250	Bau der Basilika
24. Aug. 1156	Weihe der Kirche
1802	Säkularisation des Klosters, Erwerb durch Familie Delius
1863-1873	Besitz der Jesuiten
1892	Wiederbesiedlung durch Benediktiner

der Region, aber auch zu lebenden Schlangen und Echsen in der Terrarien-Abteilung (s. S. 104 ff.). Einblick in das immer noch irgendwie geheimnisumwitterte Leben der Mönche gibt ein 20-Minuten-Film im Info-Zentrum. Und für den 16. September ist ein Tag der offenen Tür angesagt.

Abt Benedikt Müntenich hat die einzigartige Laacher Klosterlandschaft so weit geöffnet, wie es die Regeln der Benediktiner noch vertragen – ein Spagat zwischen gebremstem Kommerz und klösterlicher Zurückgezogenheit. Bürgermeister Höfer sei noch einmal zitiert: „Maria Laach ist geblieben, was es immer war und weiter sein will: eine Stätte der Nachdenklichkeit und der Besinnung auf das Wesentliche."

__Anfahrt:__ Mit der __Bahn__ bis Andernach, von dort weiter mit Bus. Info: www.rmv-bus.de

Mit __PKW__ A 61 bis Abfahrt Mendig/Maria Laach oder B 9 am Rhein entlang bis Brohl, von dort über Bad Tönisstein nach Maria Laach

__Informationshalle:__ Geöffnet Ostern bis 1. Nov. 9-11h und 13-16.30h, So 13-16.30h / 2. Nov. bis Ostern 10-11h und 14.30-16.30h So 13-15.30h, Eintritt frei. Info: Tel. (02652) 590, www.maria-laach.de

__Campingplatz/Strandbad:__ Eintritt 3 Euro, Kinder bis 14 Jahre 1,50 Euro Info: Tel. (02636) 24 85

www.camping-laacher.see.de

__Weitere Infos:__ Verbandsgemeinde Brohltal

Kapellenstraße 12, 56651 Niederzissen, Tel. (02636) 19 433

www.geopark-vulkanland-eifel.de

Die hiesige Tierwelt steht im Zentrum des Naturkundemuseum Maria Laach

Besuch bei der Knoblauchkröte

Känguru-Jagd in der Eifel? 1889 legte zum letzten Mal ein Waidmann im Land der Vulkane auf einen Beutelträger an. Kein Aprilscherz, sondern verbürgt und nachzuvollziehen im Naturkundemuseum Maria Laach. Anfang des 19. Jahrhunderts war das Känguru aus Jagdgründen in Europa eingeführt worden, so erfährt der Besucher. 1895 war es dann hierzulande ausgerottet und gehört heute wieder nur in seine angestammte Heimat Australien.

Die hiesige Tierwelt steht im Zentrum der Laacher Sammlungen, die vom Tierpräparator Klaus Ullenbruch, geschult im Bonner zoologischen Museum Koenig, und seiner Frau Annelie zum „größten privaten Naturkundemuseum Deutschlands" zusammengetragen wurden: Säugetiere, Vögel, Lurche und Schmetterlinge, die dicke Knoblauchkröte oder auch die scheue Kreuzotter, der mächtige Rothirsch oder die – allerdings nur in Glücksfällen – in Eifeler Wäldern wieder zu findende Wildkatze.

Oder die bunte Flatter-Feder-Schar von Fink und Star bis zum gewaltigen Uhu mit 1,60 Meter Spannweite, der fast ausgestorben war, nun aber auch am Laacher See neu zu Hause ist. Wer wann morgens zuerst die Stimme erhebt, lehrt die Vogeluhr. Für Kinder und Erwachsene gleichermaßen interessant ist die geleitete Spu-

Stars aus der Heimat: Der mächtige Rothirsch (oben), die Wildkatze (links) und die Echse sind in Klaus Ullenbruchs Museum zu sehen

ren- und Fährtensuche mit 40 Beispielen von Auerhahn bis Wisent.

Aber auch eine Fülle von Exoten aus ganz Europa und den übrigen Kontinenten ist zu bewundern, meist Tiere, die in Zoos gestorben sind und von Ullenbruch aufbereitet wurden. So steht der Besucher respektvoll vor Timperwolf, Puma, Eisbär und Nilkrokodil, staunt über Großen Emu und Kaffernbüffel und freut sich über den kletternden Waschbären, dessen Artgenossen eigentlich nach Nordamerika gehören, heute aber auch im deutschen Wald als Nachkommen von Pelzfarm-Flüchtlingen anzutreffen sind.

Lebendig geht es in der Terrarien-Abteilung zu. Allerhand Schlangen und Echsen winden und räkeln sich im Zeitlupentempo, wenn sie nicht gerade schlafen. Die eindrucksvollsten Exemplare sind eine kletterfreudige Anakonda, die es bis auf 150 Kilogramm Gewicht bringen kann, und ein acht Meter langer Tigerpython - ein Findelkind, das die Feuerwehr 2001 in einem Treppenhaus in Mayen eingefangen und zu Ullenbruchs Laacher Haus gebracht hat.

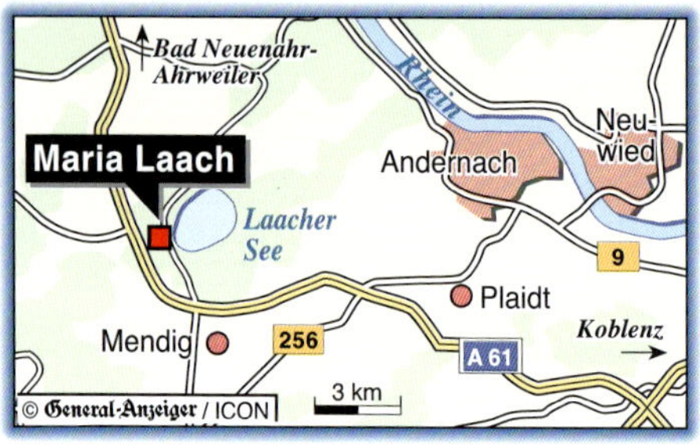

Anfahrt: *Mit der* ***Bahn*** *bis Andernach, von dort weiter mit Linienbus*
Mit dem ***Auto*** *entweder A 61 Richtung Süden bis Abfahrt Maria Laach oder auf der linksrheinischen B 9 bis Brohl, von dort Beschilderung nach Maria Laach folgen. Naturkundemuseum mit Parkplatz ausgeschildert*
Naturkundemuseum: *Öffnungszeiten: 1. März bis 31. Oktober 9.30-18h, 1. November bis 15. Januar bis 17h (16. 1. - 28. 2. geschlossen).*
Eintritt: 3,50 Euro, Kinder (ab 6 J.) 2,50 Euro
Tipp: *Steinlehrpfad vom Naturkundemuseum zum Kloster Maria Laach*
Einkehr: Klosterstuben (Selbstbedienung) oder Hotel Maria Laach mit Café-Betrieb oder Cafeteria des Naturkundemuseums
Weitere Infos: *Naturkundemuseum, 56653 Maria Laach*
Tel. (02652) 4785
sabine.fraenzel@fauna flora.de
www.naturkundemuseum -maria-laach.de

Die Mauerley bei Maria Laach ist ein gar unheimlicher Ort

Wilde Welt

Man könnte meinen, hier seien Riesen am Werk gewesen. Klobige Basaltbrocken liegen am Hang, mächtige Säulen ragen himmelwärts. Und eine eindrucksvolle Wand gibt dem Platz unweit Maria Laach den Namen: Mauerley (Ley oder Lay steht für Fels und Stein). Ein unheimlicher Ort, geschaffen von gewaltigen Kräften der Natur.

Vor rund 200.000 Jahren brach der Veitskopf-Vulkan aus. Ein Lavastrom sprengte den Krater-Kessel, die glühende Masse ergoss sich westlich in ein Tal. Wasser und Wind trugen dazu bei, dass eine zwei Kilometer lange Partie des Lavastroms im Laufe der Jahrhunderte freigelegt wurde. An einzelnen Stellen brachen Blöcke ab und rutschten talwärts. So entstand das urzeitliche Chaos.

Mauerley: urzeitliches Chaos in der Osteifel

Vor 2.000 Jahren machten sich römische Arbeitssoldaten über die Felsen her. Der Platz wurde zum Steinbruch. Was das technisch bedeutet, lässt sich hier trefflich studieren. Im Rahmen des Projektes Vulkanpark Brohltal/Laacher See wurde ein erster Teil des Geländes für den Laien erschlossen. Ein Dutzend informativer Tafeln macht verstehbar, wie die Römer mit ihrer damaligen „Keiltechnik" die gewaltigen Blöcke zu kleineren Quadern spalteten, Knochenarbeit erster Güte.

Nicht immer klappte die mühsame Klopperei: So blieben zersplitterte Stücke liegen, die heute als Anschauungsmaterial für die handwerklichen Fertigkeiten der Römer dienen.

Es macht Spaß, auf schmalem Pfad durch diese wilde Welt zu streifen. Eine vielfältige Flora hat hier ihr Rückzugsgebiet gefunden. Und in den tiefen Spalten findet allerhand Getier Schutz. Den scheuen Dachs, der hier zu Hause ist, wird der Besucher allerdings kaum zu Gesicht bekommen.

Anfahrt: *B 9 bis Brohl, Richtung Maria Laach bis auf Höhe Wassenach, dort von der Landstraße rechts abbiegen zur Mauerley (ausgeschildert) oder A 61 bis Abfahrt Mendig, von Maria Laach Richtung Brohl bis Höhe Wassenach, von der Landstraße links („Mauerley") abbiegen Parken am „Heiligenhäuschen", dort linken Weg nehmen, nicht „Kungskopf"*

Weitere Infos: *Tourist-Info Brohltal, Kapellenstr. 12 56651 Niederzissen, Tel. (02636) 97 40 410 www.brohltal.de*

Seit 1996 gibt es den Vulkanpark in der Osteifel.

Terra Vulkania

Das Inferno dauerte nur wenige Tage, aber die Folgen waren verheerend. Der gewaltigste Vulkanausbruch der jüngeren Erdgeschichte in Europa veränderte eine Region im Wortsinne von Grund auf. Asche und Steine begruben kilometerweit alles Leben, glutheiße Lava wälzte sich zerstörerisch übers Land. Eine karge Mondlandschaft blieb zurück. Das war vor 13.000 Jahren.

Industriegeschichte: Steinabbau in der Ettringer Lay

Wer heute im Tretboot über den Laacher See schaukelt oder von einem der vielen Aussichtstürme das friedliche Berg-Tal-Panorama der Osteifel genießt, will kaum glauben, dass er sich mitten in einem erdgeschichtlichen Katastrophengebiet befindet, kämen ihm dabei nicht rührige Fachleute zu Hilfe. 1996 reifte die Idee zur Tat, das Phänomen Vulkanismus zum Faszinosum zu machen.

Aus ersten bescheidenen Anfängen entwickelte sich der „Vulkanpark Osteifel" rund um Mayen und Mendig zum Magneten. An die 200.000 Menschen kommen jedes Jahr, Tendenz steigend, zum Schauen, was die Vulkane wo, wie und

Der Weg ist das Ziel: Farblich differenzierte Routen leiten Autofahrer zu den wichtigsten Punkten

Wilde Vergangenheit: Aussichtsturm (rechts) und Info-Tafeln am Booser Doppelmaar (oben) inmitten des Vulkanparks Osteifel

warum hinterlassen haben. Michael Knopp, der umtriebige Geschäftsführer der Vulkanpark GmbH, verrät das Erfolgsrezept: „Wissenschaftlich seriös aufbereiten, authentisch spannend darstellen, das ist unser ganzes Geheimnis."

In der jüngsten Attraktion, dem Lava-Dome in Mendig, die gerade auf den 50.000. Besucher des Jahres wartet, wird der letzte Ausbruch des Laacher-See-Vulkans ohrenbetäubend und rauchgeschwängert simuliert, während in der Etage darüber auf dem Bildschirm eine aufwändige SWR-„Life-Reportage" über eine geologisch durchaus denkbare erneute Eruption den Besucher verschreckt (s. auch S. 114 ff.).

Computer-Animationen und Filmisches sorgen auch im Info-Zentrum Rauschermühle bei Plaidt für Gänsehaut. Mit viel Multimedia und Material zum Anfassen wird das erdgeschichtliche Geschehen allgemein verständlich gemacht. Nebenan, im Rauscherpark, tobt die Nette durch Katarakte, die das Flüsschen über Jahrtausende durch eine Lavastromsperre gegraben hat.

Im wenige Kilometer entfernten Bergwerk Meurin modellierten die Römer vor 2.000 Jahren mit Hammer und Keil den vulkanischen Tuff zum Mühlstein, eine kräftezehrende Schmutzarbeit. Die in den 1950er Jahren zufällig entdeckten Stollen, an denen auch heute noch archäologisch gegraben wird, sind ein Höhepunkt im Vulkanpark. Seit kurzem wird der Rundgang mit modernster Audioguide-Technik noch spannender gestaltet. Devise: sehen, hören und verstehen.

Mit dem Fahrstuhl in die Erdgeschichte geht es im

„Deutschen Schieferbergwerk" in der Mayener Genovevaburg. Auch dort wird deutlich, welch elende Schufterei früher nötig war, um der Erde ihr wertvolles Material zu entreißen. Die Schwindel erregende Fahrt mit dem Grubenbahn-Simulator ist vor allem eine Sensation fürs Jungvolk. Geschäftsführer Knopp: „Kinder sind eigentlich unsere Hauptzielgruppe. Sie ziehen die Eltern mit, führen sie so an das Erlebnis Vulkanwelt heran." Rauschermühle, Lava-Dome, Grube Meurin und Schieferbergwerk locken folgerichtig mit umfangreichen didaktischen Angeboten für Schüler und ihre Lehrer, die auch reichlich Zuspruch finden.

20 populärwissenschaftlich aufbereitete Kultur- und Naturdenkmäler sind derzeit im Vulkanpark Osteifel entlang von vier farblich differenzierten Auto-(Fahrrad-)Routen aufgeschlossen worden. Parallel werden Themen-Touren angeboten, die unter den Schwerpunkten Vulkanismus, Archäologie, Industriegeschichte sowie Bergwerke stehen. An allen Punkten führen bebilderte Schrifttafeln den Besucher an und durch die Sehenswürdigkeiten.

Verständlich sollen die Texte sein. Bei der – unter Geologen wohl weltweit bekannten – Wingertsbergwand ist das noch nicht gelungen, wie Mendigs Stadtbürgermeister Achim Diensberg zugibt. An keiner anderen Stelle ist so überzeugend die Gewalt des Lacher-See-Vulkans sichtbar zu machen wie hier. Diensberg: „Aber die Tafeln sind noch viel zu wissenschaftlich." Daraus wurde gelernt. Die Texte für den Mendiger Lava-Dome wurden, so der Bürgermeister, „normalen Menschen vorlegt und so lange verändert, bis sie jeder verstand". Auf diese Weise sollen auch die Tafeln an der Wingertsbergwand und

an anderen Stellen aus der Frühzeit des Parks nach und nach überarbeitet werden.

Neue Attraktionen sind in Arbeit: Am Mayener Grubenfeld, wo ebenso wie etwa in der Ettringer Lay allerhand über die im 19. und 20. Jahrhundert blühende Steinindustrie zu erfahren ist, entsteht ein neues Museum: „Terra Vulkania" (Eröffnung 2008 geplant). Und auf dem Namedyer Werth bei Andernach wurde ein stillgelegter Geysir wieder flott gemacht, in dessen Nachbarschaft 2008 ein Informationszentrum eröffnet werden soll.

„Wir sind auf bestem Weg, das Thema Vulkan zur Marke für die Eifel zu machen", freut sich Mendigs Verbandsbürgermeister Jörg Lempertz. Dazu werde auch die vom ADAC unterstützte „Deutsche Vulkanstraße" beitragen, die im September 2006 eröffnet wurde und 40 herausragende Geo-Plätze zwischen Maria Laach und Manderscheider Maarmuseum verbindet. Bei diesem Projekt arbeiten die Mayener erstmals mit den Vulkan-Konkurrenten im Brohltal und im Dauner Land zusammen, die neuerdings auch unter dem Signum „Nationaler Geopark Vulkanland Eifel" UNESCO-geadelt gemeinsames Marketing gelobt haben.

Anziehungspunkt: Der Mendiger Lava-Dome mit der Simulation des Laacher-See-Vulkanausbruchs

Anfahrt: *A 61 bis Abfahrt Mendig, dort Richtung Mendig, Flugplatz ausgeschildert, ausreichend Parkplätze vorhanden*

Infozentrum Rauschermühle
56637 Plaidt, Tel. (02632) 9 87 50
www.vulkanpark.com
April-Okt Di-Fr 9-17h, Sa/So/Feiertags 11-18h
Nov-März Di-So 11-16h
Eintritt: 3 Euro, Kinder bis 100 cm frei
darüber bis 16 J. 2 Euro
Kombitickets mit Römerbergwerk

Römerbergwerk
Trassgrube Meurin in Kretz bei Mayen
Infos s. Rauschermühle
April-Okt Di-Fr 9-17h, Sa/So/Feiertags 11-18h
Im Winter geschlossen
Eintritt: 4,90 Euro, Kinder bis 100 cm frei
darüber bis 16 J. 2,60 Euro
Kombitickets mit Rauschermühle

Deutsches Schieferbergwerk
Genovevaburg, 56727 Mayen, Tel. (02651) 49 85 08
www.deutsches-schieferbergwerk.de
Di-So/Feiertags 10-17h
Eintritt 6 Euro, Kinder unter 100 cm frei
Kinder u. Jugendliche 3,50 Euro

Lava-Dome
Brauerstraße 1, 56743 Mendig, Tel. (02652) 93 99 222
www.lavadome.de
Tägl. 10-17h, Eintritt: 6,50 Euro, Kinder 4,50 Euro

Weitere Infos: *Der Internet-Auftritt www.vulkanpark.com ist ausgezeichnet. Er informiert über die erdgeschichtlichen Höhepunkte des Gebietes und über die Museen mit detaillierten Angaben. Besonders ansprechend sind die Rundumsichten der einzelnen Punkte*

Im neuen Vulkan-Museum Lava-Dome in Mendig wird gespielt, was tatsächlich wieder passieren könnte

Bims und Asche

Noch ist die Sprecherin gefasst. Mit einem Ausbruch des Laacher See-Vulkans müsse gerechnet werden. Dann überstürzen sich die Ereignisse. Das SWR-Studio bebt, die Stimme der Moderatorin überschlägt sich, und es wird schwarz auf dem Bildschirm: Die Katastrophe ist da. Es regnet Bims und Asche, glühende Lava bahnt sich ihren Weg. Verwüstung breitet sich aus.

Im neuen Vulkan-Museum „Lava-Dome" in Mendig wird gespielt, was tatsächlich wieder passieren könnte. Die Region zwischen Rhein und belgischer Grenze ist – geologisch gesehen – ein Pulverfass. 13.000 Jahre ist der letzte Ausbruch des Laacher See-Vulkans vorbei, ein Wimpernschlag in der Erdgeschichte. Und die am Ostufer des Sees ständig aufsteigenden Gasblasen lassen erahnen, wie es unter der Erdoberfläche nach wie vor arbeitet.

Spannung über und unter der Erde: Lava-Dome (links), Felsenkeller (oben), Grubenbahn (rechts)

Im Lava-Dome wird auch an einem Groß-Modell demonstriert. Da zischt, brodelt und brüllt es, wenn die Erde am Wingertsbergvulkan, auf dem das Museum steht, explodiert, wie es vor etwa 200.000 Jahren der Fall war. Da fließt glühende Lava durch den Raum. Das Grummeln unter der Erde wird fühlbar, fliegende Lavabrocken hörbar. Technik zum Anfassen: Zehn interaktive Versuchs- und Experimentierstationen machen in der „Vulkanwerkstatt" den Blick in die Mendiger Unterwelt mit einem Periskop möglich. Oder es wird gezeigt, wie sich Erdplatten verschieben.

Wenige Schritte neben dem „Lava-Dome" lockt der abenteuerliche Abstieg in einen der Mendiger „Felsenkeller" – etwas beschwerlich, aber auf jeden Fall lohnend. Riesige Hallen unter der Erde zeugen von der Blüte der Steinindustrie. Die 150 Stufen in die Tiefe dürfen aus Sicherheitsgründen nur mit Führung bewältigt werden. Der Keller unter dem benachbarten

Brauhaus kann samstags und sonntags um 16 Uhr besichtigt werden.

Über drei Quadratkilometer breiten sich die unterirdischen Steinbrüche unter Mendig in einer Tiefe von etwa 30 Meter aus. Nachdem der mühsame Abbau der Basaltlava nicht mehr wirtschaftlich war, wurde im 19. und 20. Jahrhundert in den kühlen Kellern Bier gelagert: 28 Brauereien hatten sich zur Jahrhundertwende angesiedelt, weil sie in den Felsen bei jeder Jahreszeit konstante Temperaturen von fünf bis sieben Grad und damit ideale Lagermöglichkeiten vorfanden. Heute braut nur noch ein Betrieb im Ort.

In der Freiluftausstellung „Museumsley" sind allerhand Gerätschaften der Steinindustrie und des Steinmetz-Handwerks zu sehen. Ein Göpelwerk, ein von Pferden getriebenes schweres Hebegerät für den unterirdischen Abbau des vulkanischen Gesteins, empfängt den Besucher. Zu erkunden sind Grubenbahnen, Grubenkräne, eine Steinmetzhütte, eine Schmiede und Werkzeuge zur Steinbearbeitung.

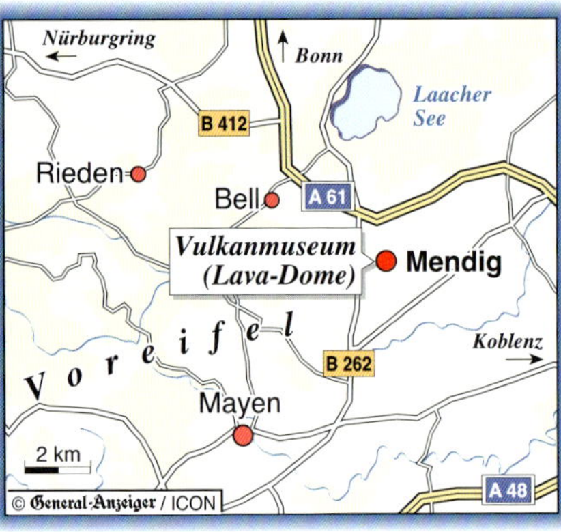

Anfahrt: *A 61 bis Abfahrt Mendig, Lava-Dome ausgeschildert*
Lava-Dome: *Geöffnet: tägl. 10-17h, Museumsley ständig*
Eintritt 6,50 Euro, mit Lavakeller 7,50 Euro, nur Lavakeller 3,50 Euro; Kinder 4,50/5,50/2 Euro; Museumsley kostenlos
Weitere Infos: *Lava-Dome, Brauerstraße 1*
56743 Mendig, Tel. (02652) 93 99 222
www.lavadome.de, info@lava-dome.de
Felsenkeller Brauhaus, Tel. (02652) 520 330
www.vulkan-brauhaus.de

Die barocke Landkirche St. Cäcilia in Saffig bei Andernach stammt von Balthasar Neumann

Vom Reißbrett des Meisters

Mit Balthasar Neumann verbinden die Rheinländer Schloss Augustusburg in Brühl und die Heilige Stiege auf dem Bonner Kreuzberg. Dass der begnadete Barockbaumeister auch eine Dorfkirche ganz in der Nähe gestaltet hat, ist wenig bekannt. Mitten im Örtchen Saffig in der Pellenz-Ebene im Kreis Mayen-Koblenz steht das Gotteshaus vom Reißbrett des großen Meisters, ein Geheimtipp für Freunde der Baukunst.

St. Cäcilia haben die Saffiger den guten Beziehungen ihres Reichsgrafen Karl Kaspar von der Leyen zu verdanken. Der adelige Herr war „Kaiserlicher, Kurmainzer und Kurtrierer Geheimer Rat" und für damalige Verhältnisse ein weit gereister Mann. Er kannte viele Bauwerke Neumanns und ließ keine Ruhe, bis er den Würzburger Planer für seine Absicht gewonnen hatte, die schlichte gotische Kirche neben seinem gräflichen Schloss durch einen barocken Bau zu ersetzen.

Dabei half ihm wohl die Verwandtschaft seiner Frau Maria Sophia von Schönborn, einer Schwester des Würzburger Fürstbischofs Friedrich Karl und des Trierer Erzbischofs und Kurfürsten Franz Georg, beide ständige Auftraggeber von Balthasar Neumann.

Als der viel beschäftigte Mann, „Stararchitekt" würden wir heute sagen, 1738 in Koblenz für Franz Georg das kurfürstliche Verwaltungsgebäude am Fuß der Festung Ehrenbreitstein entwarf, entstanden auch die Pläne für das Saffiger Gotteshaus. St. Cäcilia ist eine barocke Landkirche, wie sie Neumann mehrfach im fränkischen Raum gebaut hat. Sie hat bis heute nichts von ihrer Pracht verloren, ein moderner Neubau ist behutsam angesetzt.

Barocke Landkirche: St. Cäcilia in Saffig

Leider kann das Innere mit der kostbaren Ausstattung aus Sicherheitsgründen nur vom Turmhaus aus eingesehen werden. Das Schloss der von der Leyen, von dem einst eine Holzbrücke zur herrschaftlichen Loge in der Kirche führte, ist im 19. Jahrhundert abgerissen worden. Erhalten blieb der kleine Schlosspark.

Anfahrt: *A 61 Richtung Koblenz bis Abfahrt Plaidt, von dort Ausschilderung nach Saffig folgen*

Tipps: *Eine weitere Sehenswürdigkeit in Saffig ist die Synagoge von 1858, deren Inneneinrichtung am 10. November 1938 ein SS-Schlägertrupp zerstörte*
Das Infozentrum Rauschermühle Plaidt-Saffig erzählt Geschichte und Geschichten der Osteifel-Vulkane: im Winter geöffnet 11-17h (Mo geschlossen)

Weitere Infos: *Verbandsgemeinde Pellenz, Breite Strasse 40, 56626 Andernach, Tel. (02632)29 90*
verbandsgemeinde@pellenz.de; www.pellenz.de; www.vulkanpark.com

Der Schatz im Dorf

Zehn Meter hohe Goldaltäre, lebensgroße Skulpturen und jede Menge Engel: Die Barockkirche von Wehr ist ein unvermutetes Erlebnis

Der 15. Oktober 1702 muss ein Wahnsinnstag in dem Eifel-Dörfchen Wehr gewesen sein. Drei mächtige Äbte hatten sich mit großem Gefolge angesagt. Die Ordensoberen von Steinfeld, Bendorf-Sayn und Maria Laach kamen zur Einweihung einer Kirche, die mit ihrer Größe und ihrer barocken Pracht so gar nicht zu den 50 eher bescheidenen Häusern des Ortes passen wollte. Auch heute vermutet man nicht, dass Wehr – den meisten nur als Autobahnabfahrt auf dem Weg zum Nürburgring bekannt – einen so wertvollen sakralen Schatz birgt.

Der Grund liegt in der ungewöhnlichen Historie des Ortes, dessen Lage in einem Talkessel inmitten von Vulkankegeln schon die Römer zur Besiedlung ermuntert hatte. Aus einem im 5. Jahrhundert gegründeten Hof wuchs ein fränkisches Adelsgut, zu dem sich nach und nach ein kleines abhängiges Dorf gesellte. 920 schenkte ein Graf Sibodo den Großhof samt der Ortschaft dem Kloster Steinfeld bei Kall in der Eifel. Die Steinfelder Äbte, erst Benediktiner, dann Prämonstratenser, blieben Wehrer Lehns- und Gerichtsherren bis zur Enteignung unter Napoleon (1802).

Prachtvoller Barock: Innenraum der Kirche von Wehr

Die Mönche ersetzten die Hofkapelle schon um 1230 durch eine Kirche, deren wehrhafter romanischer Turm erhalten blieb. Zu Beginn des 18. Jahrhunderts realisierten sie dann den seit langem geplanten Neubau, nun aber nach der in Deutschland gerade auflebenden Modeform des Barocks. Für die prächtige Innenausstattung mit drei zehn Meter (!) hohen Gold-Altären und einer Fülle von lebensgroßen Heiligen-Skulpturen und Scharen von Engeln und Putten sorgte mit viel Liebe zum Detail der begnadete Steinfelder Mönch Michael Pirasson, der auch die Abtei selbst mit seiner Werkstatt geschaffen hat. Dass Bruder Michael sich in der Wehrer Exklave engagierte, verwundert nicht: Er war dort geboren.

Die Jahrhunderte hat nicht nur die herrliche Kirche überlebt. Auch Teile der mächtigen Hofanlage („Kellerei“) stehen am Platz vor dem Gotteshaus. Und Wehrer Bürger haben in Eigeninitiative auch den verwilderten barocken Pfarrgarten in 2.700 Arbeitsstunden wieder hergerichtet und damit dem ungewöhnlichen Ensemble in der Osteifel ein Kleinod hinzugefügt. In ihrem Wappen führt die Gemeinde noch immer Lilien und Stern des Klosters Steinfeld sowie Stab und Wert als Zeichen der kirchlichen und weltlichen Herrschaft der Äbte.

Anfahrt: *A 61 Richtung Koblenz bis Abfahrt Wehr, der Beschilderung folgen*
Tipps: *Informative Beiträge zur Geschichte von Wehr unter www.aw-online.de/kvar, bei „Volltextsuche“ den Namen des Heimatforschers Bruno Andre eingeben*
Rund um Wehr sind außerdem acht Wanderwege zwischen 3 und 9 km ausgeschildert, Info-Tafel an der „Römerhalle“
Weitere Infos: *Touristinfo Brohltal, Kapellenstraße 12 56651 Niederzissen, Tel. (02636) 19433*
tourist@brohltal.de, www.brohltal.de

Im Eifeldorf Weibern gibt es ein Tuffsteinzentrum

Stabiles Leichtgewicht

Diagonal gebeilt, geflächt, geschliffen, bossiert, scharriert: Was der Steinmetz alles anstellt, damit die Wand, die Fensterumrandung oder der Wohnzimmerkamin dem Auge gefällt, zeigt das Eifeldorf Weibern im oberen Brohltal in seinem Freiluft-Tuffsteinzentrum.

Als vor etwa 400.000 Jahren die Vulkane im Gebiet des Laacher Sees tobten, hinterließen sie im „Riedener Kessel" eine Tuffdecke, zwölf Kilometer lang, sechs Kilometer breit, 30 bis 150 Meter hoch. Tuff ist ein glühender körniger Auswurf, der sich nach dem Erkalten zu Stein verfestigt hat. Dieser Stein, ein Leichtgewicht, lässt sich angefeuchtet gut bearbeitet, ist aber nach der Trocknung äußerst beständig.

Und das wussten schon die römischen Besatzer vor 2.000 Jahren. Sie bauten in der Region Tuff ab, machten daraus Denk- und Grabmäler oder verzierten die Fassaden ihrer Villen. Im Mittelalter war Weiberner Tuff beliebter Werkstoff für Sakralbauwerke wie den Kölner Dom, die Münster von Bonn und Aachen oder die Basilika von Maria Laach.

Im 19. Jahrhundert kam der Ort, dessen Abbaubetriebe 1901 über die Brohltalbahn ans deutsche Schienennetz angeschlossen wurden, zu besonderer Blüte. Steinhauer und Steinmetze produzierten um die Wette: Der Historismus in der Architektur forderte in Mengen Stuckverzierungen für monumentale Behördenbauten und Direktorenvillen, vor allem in den großen Städten von Berlin über Frankfurt bis München.

Auch wenn heute der Boom vorbei ist: Noch immer ist bearbeiteter Vulkan-Stein gefragt als Fassaden-Verkleidung bei Geschäfts- und Verwaltungsgebäuden.

Das jederzeit frei zugängliche „Schaufenster" am Ortseingang von Weibern informiert ebenso anschaulich über alles rund um dem Tuff wie das benachbarte „Steinsägehaus"

Vielseitiger Baustoff: So wie bei dieser Mauer lassen sich aus feuchtem Tuff hübsche Verzierungen formen, die trocken sehr beständig sind

mit historischer Gerätschaft auf dem Außengelände. Zu sehen ist auch ein „Derickskran“, mit dem schwere Blöcke aus bis zu 50 Meter tiefen Abbaugruben gehoben wurden. Wie Tuff auf Gebäudefronten wirkt, wird beim lohnenswerten Bummel durch Weibern augenfällig: Jedes zweite Haus ist dort mit dem heimischen Stein gebaut.

***Anfahrt:** A 61, Abfahrt Wehr, B 412, Abfahrt Weibern, frei zugängliches Tuffsteinzentrum am Ortseingang*
***Einkehrtipp:** Cafe und Restaurant im Ort*
***Weitere Infos:** Tourist-Information Brohltal Rathaus, 56651 Niederzissen, Tel. (02636)19 433 www.weibern.de, www.brohltal.de*

Der Wacholder-Wanderweg bei Langscheid ist ein Geheimtipp für Naturfreunde

Stacheliger Überlebenskünstler

Die Eifel hat viele Gesichter. Eines der schönsten strahlt in der Langscheid/Arfter Gemarkung. Unweit von Nürburg und Hoher Acht findet der Wanderer die größten zusammenhängenden Wacholdergebiete Westdeutschlands. Wie Soldaten stehen die stacheligen Gehölze auf dem Heidbüschel, dem Büschberg oder im Dr. Heinrich-Menke-Park, benannt in Erinnerung an einen Koblenzer Biologielehrer (1880 bis 1965), der sich den Schutz des selten gewordenen Nadelträgers zur Lebensaufgabe gemacht hatte.

Zu jeder Jahreszeit ist es ein Erlebnis, gemächlich durch dieses wunderbare Gebiet zu streifen. Wer noch kein Naturfreund ist, kann es hier werden. Eine streng geschützte Flora-Familie – Heidekraut und Borstgraswiesen zwischen den so urtümlich wirkenden Wacholdersträuchern

Urtümlich: Das größte Wacholdergebiet Westdeutschands mit seinen weiten Ausblicken ist zu jeder Jahreszeit ein Erlebnis

und -bäumen, aber auch Arnika, Waldhyazinthen und Orchideen – ist dort zu Hause. Haselhuhn und Milan fühlen sich ebenso wohl wie Sperber und Raubwürger. Und dazu eine berauschende Beigabe: immer wieder atemberaubende Fernblicke, Vulkanberge, tiefe bewaldete Täler, friedliche Dörfchen mittendrin.

Zu Recht gelten die Heiden in diesem Teil der Vordereifel als Geheimtipp. Sie werden erschlossen vom bequem zu gehenden Wanderweg mit dem Wacholdersymbol (15 km, kaum Steigungen, mehrere Abkürzungsmöglichkeiten). Info-Tafeln sorgen unterwegs dafür, dass sich dem Ausflügler die ungewöhnliche Landschaft erschließt. Zwischendurch stößt der Wanderer auf Reste gefällter Kiefern oder Fichten und andere liegende Hölzer – Zeugnisse eines umfangreichen EU-geförderten Programms zur Sicherung des Wacholder-Bestandes und zur Wiederbelebung von Kulturen dieser Spezies, die von anderen Baum- und Straucharten überwuchert und verdrängt waren.

Wacholderheiden sind eigentlich ein Produkt bedenkenloser Bodenausbeutung. Wälder wurden schon vor Jahrhunderten für Holzkohlegewinnung und Eisenverhüttung gerodet, Bau-

ern nutzten die Ödflächen als Acker- und Weideland. War der Boden durch intensive Landwirtschaft ausgelaugt, wurde das Brachland zur Schaf- und Ziegenweide, die Tiere verhinderten durch Verbiss das Aufwachsen neuer Wälder, nur die stacheligen Wacholdersträucher verschmähten die Wiederkäuer. Zwischen den Wacholdern pflanzte sich die Heide. Nach zehn bis 15 Jahren wurde diese mit schweren Hacken „abgeschiffelt" und für die Stalleinstreuung genutzt. Und der Kreislauf begann erneut mit Getreide, bis im 19. Jahrhundert die „Schiffelwirtschaft" eingestellt wurde.

__Anfahrt:__ A 565/A61 Richtung Koblenz bis Abfahrt Wehr, auf der B 412 Richtung Nürburgring, ca. 2 km hinter Hohenleimbach scharf links ab Richtung Langenfeld

__Tipps:__ Parken und Start entweder auf dem Wanderparkplatz links der Straße nach Langenfeld in der Nähe des Funkturms (Wegespinne, Infotafel), oder durch Arft und Langenfeld nach Langscheid, Parken am Ortsrand an der ganzjährig bewirtschafteten „Wabelsberger Wacholderhütte" (montags Ruhe); weitere Einkehrmöglichkeiten in Langscheid und Langenfeld

Infos und Karte des Wacholderweges gibt es im Internet unter www.vordereifel.de unter Tourismus/Sehenswertes/Wacholderheiden

__Weitere Infos:__ Touristik-Büro, Verbandsgemeinde Vordereifel, Kelberger Straße, 56727 Mayen, Tel. (02651) 80 09 59

tourismus@vordereifel.de

www.vordereifel.de

www.langscheid.de

Nicht nur Fromme pilgern zur Kirche St. Jost im Nitztal

Berühmter Einsiedler

Auch wenn eine enge Autostraße zu diesem sakralen Kleinod hinführt: Reizvoller ist einer der erholsamen Fußwege, die aus mehreren Richtungen nach „Sankt Jost" leiten. Über viele Jahrhunderte sind fromme Pilger diese Pfade gelaufen. Ihr Ziel: ein Kirchlein mitten im Wald am Flüsschen Nitz im Mayener Land, erbaut um 1400, geweiht dem Heiligen Jodokus, in der Eifel auf „Jost" verkürzt, andernorts zu „Jobst" geworden.

Im Mittelalter war der bretonische Einsiedler, als Prinz geboren und um 670 verstorben, ein viel verehrter Heiliger. Zu seinen Bewunderern gehörte auch Graf Philipp aus dem Geschlecht der Virneburger. Ihm war es gelungen, eine Reliquie des Eremiten in der Bretagne zu organisieren, um am Fuß seiner Burg eine Kapelle zu errichten. Doch das Hochwasser der Nitz spülte, so die Legende, das Baumaterial gut zwei Kilometer talabwärts. Für den Grafen ein Himmelszeichen, nun dort seinen Bauplan zu verwirklichen.

Ziel der Pilger: das Kirchlein St. Jost im Nitztal

Das kleine Gotteshaus zog schnell die Menschen aus Nah und Fern an. Wer betend nach St. Jost pilgerte, versprach sich davon eine gute Ernte und Schutz gegen Feuer, Pest und Fieber. Im 18. Jahrhundert uferten die Wallfahrten allerdings zu kommerziellen Spektakeln aus, was zum kirchlichen Verbot über lange Zeit führte. Heute kommen vor allem im September und Oktober wieder die Prozessionen ins stille Nitztal.

Barocke Szenen: Altar von St. Jost

So unscheinbar das Kirchlein von außen ist: Innen birgt es die Meisterleistung eines heimischen Steinmetzen von 1655 mit barocken Szenen aus dem biblischen Geschehen. Die aus Tuff geschlagenen Figuren beeindrucken nicht nur Fromme.

Anfahrt: *A 61 Richtung Koblenz, Abfahrt Wehr, B 412 Richtung Nürburgring, nach 15 km nach Langenfeld, weiter Richtung Waldesch/Kirchwald, rechts ab Fahrstraße hinab nach St. Jost (ausgeschildert)*

Fußwege: *ausgeschildert ab Langenfeld, Kirche (beschwerlich, da Ab- und Wiederaufstieg), Nitztal, Ortsende (bequem, an der Nitz entlang) und Virneburg, Burgruine, B 258 (ebenfalls bequem), jeweils rund 10-12 km hin und zurück*

Einkehr: *Wald-Cafe/Restaurant Bendisberg, ca. 500 m Fußweg von St. Jost, ausgeschildert*

Weitere Infos: *Touristikbüro Vordereifel*
Tel. (02651) 800 90, www.langenfeld-vordereifel.de

Auf der Steineberger Ley bei Daun bietet eine „Vulcano-Plattform" grandiose Aussichten in die Eifel

Auf der Kuppe

Es sind 138 Stufen zu bewältigen, doch der Aufstieg lohnt sich: Die „Vulcano-Plattform" auf der Steineberger Ley bei Daun bietet einen berauschenden Ausblick auf die Vulkaneifel mit Kraterbergen und tiefen Tälern, dunklen Wäldern und fruchtbaren Feldern, hier und da ein Dorf eingesprenkelt. Bei klarem Wetter reicht die Sicht bis zur Hohen Acht (747 m) und auch weit hinein in den Westerwald und in den Hunsrück bis zum 52 Kilometer entfernten Erbeskopf (818 m).

Solide Zimmermannsarbeit ermöglicht dieses besondere Eifelerlebnis unweit der Dauner Maare. 32 Kubikmeter von 110-jährigen einheimischen Douglasien wurden für Stützen,

Vulcano-Plattform bei Daun: 138 Stufen zum berauschenden Panorama

Streben und Stufen verbaut, was dem Dachstuhlbedarf von immerhin fünf Einfamilienhäusern entspricht. 13 Tonnen Stahl halten die mutige, 28 Meter hohe Konstruktion zusammen.

Der Turm steht auf der Kuppe des bei der Anfahrt schon von weitem grüßenden Leybergs, aufgeschossen bei Erdausbrüchen vor etwa 35 Millionen Jahren. „Steineberger Waaken", besonders harter Basalt, wurden lange Zeit für den Straßenbau gebrochen.

Um 500 bis 100 v. Chr. legten Kelten, wohl vom Stamm der in Caesars „de bello gallico" erwähnten Treverer, hier oben eine zwei Hektar Fläche umfassende „Burg". Zerfallene Mauern aus ohne Mörtel aufgesetzten Steinen lassen auch heute noch den Ringwall gut erkennen, mit dem sich unsere Vorfahren gegen Überfälle absicherten. Ein Rundweg (ca. 30 min.) im schattigen Wald mit sieben Punkten, darunter ein heidnischer Opferstein, erschließt mit erklärenden Tafeln anschaulich dieses Zeugnis früher Besiedlung.

Anfahrt: *A 565/B 257 über Altenahr und Adenau bis Kelberg, dort rechts ab nach Daun, dort wieder auf B 257 Richtung Ulmen bis Darscheid, dort rechts ab über Steiningen zur Steineberger Ley (ausgeschildert)*

Tipps: *Rückfahrt über Ulmen mit Kurzbesuch des idyllischen Ulmer Maares (5 Min. vom Dorfplatz) und der Burg, Rundweg ca. 45 Min.*

Gastronomie in Daun und Ulmen

Weitere Infos: *Kur- und Verkehrsamt, Leopoldstraße 5*
54550 Daun, Tel. (06592) 95 13 30
touristinfo@daun.de, www.steineberg.de, www.vulcanoplattform.de

Neben dem berühmten Maar gibt es im Eifelort Ulmen auch einen Jungfernweiher zu bewundern

Es fliegt und flattert

Nein, das Ulmener Maar ist es nicht, was immer wieder viele Autofahrer zu sehen glauben, wenn sie auf der A 48 den kleinen Eifelort passieren. Es ist die Heimat vom Podiceps cristatus, dem Haubentaucher. Auch Lachmöwe, Flussregenpfeifer, Rohrsänger, Krickente und Graureiher sind hier zu Hause, zumindest zeitweise. „Jungfernweiher“ nennen die Einheimischen das 35 Hektar große Gewässer am nordwestlichen Ortsrand. Ein Naturparadies, auf das die Ulmener genauso stolz sind wie auf ihren vulkanischen Maarsee, der sich im Schatten von Kirche und Burg am anderen Ortsende versteckt (beschrieben in „D'heins Regiotipps“, Band 1).

Der Jungfernweiher ist ein Mekka für geschulte Ornithologen. Aber auch der vogelkundliche Laie kommt durchaus auf seine Kosten, wenn er den Jungfernweiher auf drei Kilometer flachem Pfad umrundet. Es fliegt und flattert, ruft und schnattert nur so auf und über dem Wasser, am Ufer und zwischen den Wipfeln der Bäume. Unter strengem Natur-

Naturspiel besonderer Art: der Jungfernweiher in Ulmen, viel Wasser, viel Flora, viel Fauna

schutz rasten und brüten hier eine Fülle von Zugvögeln und heimischem Gefieder. Exoten wie Steinwälzer und Flamingos wurden schon ausgemacht. Und wer Glück hat, sieht gar den majestätischen Fischadler in hohen Lüften rüttelnd nach Beute spähen.

Während das 37 Meter tiefe Ulmener Maar unstreitig auf die jüngste Eifel-Eruption, datiert auf 8840 v.Chr., zurückgeht, hat sich erst vor wenigen Jahren nach Forschungsbohrungen auch für den Jungfernweiher eine Vulkan-These gebildet. Vor 120.000 Jahren, so wird heute vermutet, hat es hier einen großflächigen Ausbruch gegeben. Es muss sich in diesem Krater auch ein Maarsee gebildet haben, der aber über die Jahrtausende zu sumpfigen Wiesen verlandete. Bis 1942 weideten in der Mulde die Kühe, dann wurden einige Bäche aufgestaut und es bildete sich der nur zwei bis drei Meter tiefe „Jungfernweiher", nun ein Paradies für Vogelfreunde und für Angler. Baden ist im Jungfernweiher mit Rücksicht auf Tier und Pflanze nicht erlaubt, wohl aber im benachbarten Maar!

Anfahrt: *A 565/B 257 vorbei an Altenahr über Adenau und Kelberg nach Ulmen. Alternativ A 61 bis Abfahrt Menden, Querspange vorbei an Mayen zur A 48, Richtung Trier, bis Abfahrt Ulmen.*
Einkehrtipp: Café/Bistro in der Seniorenresidenz am Ufer mit Seeblick und rund um den Ulmener Dorfplatz
Weitere Infos: *Verkehrsamt, Marktplatz 1, 56766 Ulmen, Tel. (02676) 409-152*
www.verkehrsverein-ulmen.de; www.gemeinde-ulmen.de
www.eifelführer.de/U/Ulmen

Die historische Eifelquerbahn pendelt am Wochenende zwischen Gerolstein und Kaisersesch

Nummer 12478 gibt Gas

Die amtliche Kursbuchnummer 12478 führt mitten hinein in deutsche Eisenbahngeschichte. Hinter dem Zahlencode verbirgt sich die Eifelquerbahn, eine mit historischen Schienenbussen wieder belebte Strecke zwischen den Dolomitfelsen von Gerolstein über die Sprudelstadt Daun und Ulmen mit Maar bis Kaisersesch mit der eigenartig gedrehten Kirchturmsspitze, mitten durch charakteristische Eifellandschaft.

Alle zwei Stunden rattern und quietschen die betagten Schienenfahrzeuge vom Typ VT 98 samstags und sonntags

Gemütliche Tour: ein Wochenendausflug mit der Eifelquerbahn

von Mai bis Oktober durch Wald und Feld. Es macht Spaß, dem Triebwagenführer über die Schulter zu schauen. Schalten, Gas geben, bremsen, fast wie beim Omnibus, ohrenbetäubend hupen auch vor der kleinsten Feldweg-Kreuzung, sobald es das „P“ an der Strecke befiehlt.

In Gerolstein wartet die romantische Zweier-Traktion einträchtig neben den modernen Zügen der Köln-Trierer Bahn. Deren Trasse wird schon bald verlassen, dann schleppen die beiden 110 KW-Diesel ihre 40-Tonnen-Last mühsam hinauf auf die Eifelhöhen, weiter geht's ab und auf im Wechsel.

Am 15. Mai 1895 rollten zum ersten Mal Räder auf dieser Strecke, die von Kaisersesch weiter über Mayen und Mendig nach Andernach führt. Vor allem der Transport der Lavagesteine des Mayener Landes war neben dem Personenverkehr lange das Rückgrat dieser Linie. 1991 rollte der letzte Zug ab Mayen Richtung Gerolstein, die damalige Bundesbahn hatte die Strecke aufgegeben.

Der Dornröschenschlaf sollte nur ein Jahrzehnt dauern. Seit 2000 bedient die private Transregio mit eleganten Triebwagen den Abschnitt vom Rhein über Mayen bis Kaisersesch. Und die ebenfalls private Vulkan-Eifel-Bahn kaufte und reaktivierte ausgediente Schienenbusse für den vorwiegend touristischen Verkehr auf dem Reststück nach Gerolstein.

25.000 Fahrgäste zählte die Privatbahn 2004. Sie kommt damit noch lange nicht an die 90.000 begeisterten Nutzer des Vulkan-Express im Brohltal heran. Aber weil die Eifelquerbahn zunehmend auch wieder zum regionalen Verkehrsmittel wird, verspricht sich der Eigentümer ein steigendes Geschäft. Wegen Schienenerneuerung sind 2008 Einschränkungen im Abschnitt Kaisersesch – Ulmen möglich.

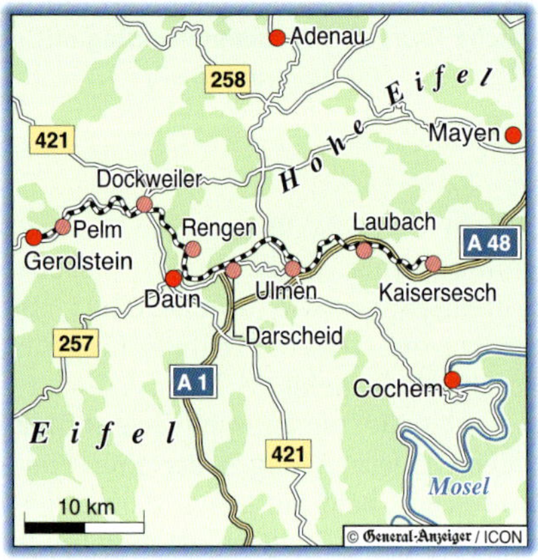

Anfahrt: Mit der **Bahn** über Euskirchen nach Gerolstein oder über Andernach nach Kaisersesch

*Mit dem **Auto** nach Gerolstein A 565/B 257 über Altenahr und Kelberg nach Daun, weiter auf B 410. Nach Kaisersesch A 61 bis Mendig, Querspange vorbei an Mayen zur A 48 bis Abfahrt Kaisersesch, Bahnhof am Ortsrand, ausgeschildert*

***Eifelquerbahn:** Verkehr im Zweistundentakt von Mai bis zum letzten Sonntag im Oktober. Gesamte Strecke nur Sa und So, Abschnitt Ulmen - Gerolstein täglich. Bezahlt wird beim Schaffner*

***Weitere Infos:** Vulkan-Eifel-Bahn, Bahnhofstraße 4, 54568 Gerolstein, Tel. (06591) 98 29 255; info@veb.de; www.veb.de, www.eifelquerbahn.de*

Schon die Römer nutzten in der Eifel-Stadt Bad Bertrich die heißen Quellen

Den Göttern zu Ehren

Wer nur die Tunnel mit den mythischen Namen „Diana“ und „Apollo“ nutzt, verpasst das Schönste im Talkessel des Üßbachs. Mit den 650 Metern Röhre durch ihren Hausberg halten die Bad Bertricher die Autolast aus ihrer engen Stadt heraus, sehr zur Freude der Gäste in Deutschlands ältestem Staatsbad.

„Diana“ und „Apollo“ erinnern an die römische Vergangenheit des Ortes. Funde belegen, dass schon die Eroberer aus Italien die heißen Quellen von „Bertriacum“ nutzten.

Schmucke Häuser: Bad Bertrich im Frühling

Deutschlands ältestes Staatsbad: das Schloss im Ortszentrum

Den Göttern zu Ehren bauten sie einen Säulentempel neben einem repräsentativen Badehaus.

Während davon nur noch die Archäologen zu erzählen wissen, ist die Hinterlassenschaft des letzten Trierer Kurfürsten Clemens Wenzeslaus von Sachsen bis heute Zentrum des Ortes. Das um 1780 errichtete Sommer- und Badehaus, das „Schlösschen“, steht inmitten eines Ensembles prachtvoller barocker und klassizistischer Bauten, die dem Städtchen in der Eifel den typischen Bad-Charakter geben.

Clemens Wenzeslaus brachte den Kurort zur ersten Blüte. Er sollte mit seinen herrschaftlichen Immobilien aber nicht mehr viel Freude haben, denn schon 1794 setzten Napoleons Truppen der Feudalzeit in der Eifel ein Ende. Für eine zweite Glanzzeit sorgten dann die neuen preußischen Herren.

Eine 32 Grad warme Glaubersalzquelle, die einzige in Deutschland, dampft in Bad Bertrich. Das vulkanische Mineral, normalerweise als „abführend“ bekannt, wirkt vorwiegend heilend bei Problemen mit Magen und Darm, Leber und Galle, aber auch Arm und Bein. Wer sich die Zeit nimmt, kann es in den wohlig-warmen Innen- und Außenbecken der Therme als Tagesgast ausprobieren.

Das von viel Wald und Fels umgebene Bad Bertrich scheint die Krise der Kur-Wirtschaft leidlich überstanden zu haben. Die gepflegten Anlagen an Schlösschen und Flüsschen und die Fußgängerzone laden ein zum Bummeln, eine vielfältige Gastronomie zur Einkehr. Vom luxemburgischen Vianden ist ein Foto- und Filmmuseum übergesiedelt, wo vorsintflutliche Kameras überleben.

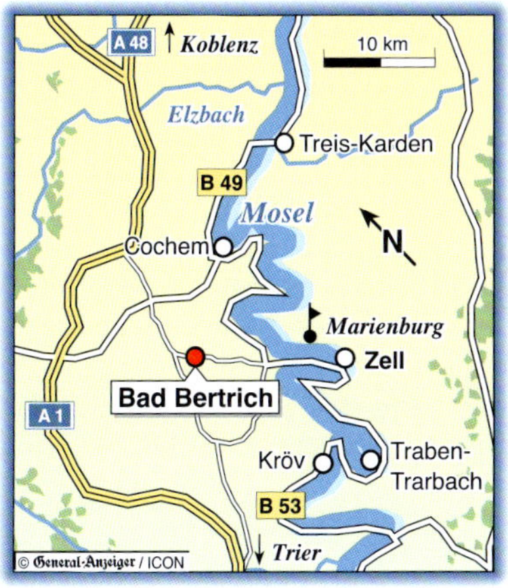

Anfahrt: *A 565/A 1 bis Mendig, Querspange vorbei an Mayen, A 48 bis Abfahrt Ulmen, B 259 Richtung Cochem, bei Alflen rechts ab über Lutzerath auf fast alpiner Straße hinab nach Bad Bertrich, Einfahrt „West“, Parkhaus (0,50 Euro/Std.) am Schloss*
Thermalbad: *Ganztägig, Erw. 6,60 Euro, Kinder (bis 16 J). 4,10 Euro*
Foto- und Filmmuseum: *Kurfürstenstraße 70, geöffnet Di-So 14-18h, Eintritt frei*
Tipps: *Kurzwanderung (2,5 km) zur vulkanischen „Elfengrotte“, weitere Rundwege bis 8 km mit herrlichen Aussichten Sehenswert auch der barocke Schnitzaltar im benachbarten Wallfahrtsort Lutzerath-Driesch*
Weitere Infos: *Tourist-Info/Kurverwaltung 56864 Bad Bertrich, Kurfürstenstraße 32; Tel. (02674) 93 22 22*
info@bad-bertrich.de
www.bad-bertrich.de; www.mosel-reisefuehrer.de

Das Pulvermaar bei Daun ist eine Hauptattraktion der Deutschen Vulkanstraße

Das Auge der Eifel

Wenn Bussard und Habicht über das Pulvermaar segeln, dann sehen sie, was der Mensch nur an Bord des technischen Hilfsmittels Flugzeug oder vom Korb des Freiluftballons aus in voller Pracht zu Gesicht bekommt: das klassische „Auge der Eifel". Wie gezirkelt liegt der kreisrunde Vulkansee im steilen Kessel des Kraters. Stolze 800 Meter Durchmesser hat die glasklare tiefblaue Wasserfläche, in der sich der Himmel und die herrlichen Laubwälder rundum spiegeln.

Das Maar in der Nähe des Ortes Gillenfeld (bei Manderscheid) ist einer der Höhepunkte der seit Ende 2006

Stille Wasser gründen tief: 70 Meter misst das tiefblaue Pulvermaar bis zum Grund

ausgeschilderten „Deutschen Vulkanstraße". Mit 36 Hektar ist das Pulvermaar nach dem Laacher See der zweitgrößte natürliche See in der Eifel – und mit 70 Metern Tiefe einer der tiefsten in Deutschland.

Bis zum Jahr 1942 lag die Uferlinie des Maars noch vier Meter höher. In diesem Kriegsjahr testete die Physikalische Versuchsanstalt der Marine dort Unterwasserminen. Infolge der Sprengungen senkte sich der Wasserspiegel. Einer natürlichen „Sprengung" vor 20.000 Jahren verdankt dieses Naturdenkmal sein Entstehen: Ein durch ein Tal fließender Bach kam mit ausströmendem siedendheißem Magma in Kontakt, es folgten heftige Eruptionen und in Folge der Einbruch der Senke.

Heute lockt das familienfreundliche Gewässer zum Umrunden. Für den bequemen Weg durch die Wälder im Krater-Ring sollte man sich eine gute Stunde Zeit nehmen. Am Nordrand lädt von Mai bis September ein Freibad (mit Gastronomie) zum Schwimmen ein, auch Bootfahren ist im Sommer möglich.

Wer es eher idyllisch und ruhiger liebt: Ganz in der Nähe an der Straße nach Lutzerath liegt das Dorf Immerath mit dem im Wald verborgenen kleinen Immerather Maar (Rundweg). Im Ort gibt es ein kleines Schulmuseum in einem schmucken Fachwerkhaus und die sehenswerte Wendelinus-Kapelle.

Anfahrt: *A 61 bis Mendig, Querspange vorbei an Mayen zur A48/A 1, Abfahrt Mehren, von dort nach Gillenfeld, Pulvermaar ausgeschildert*
Weitere Infos: *Verkehrbüro*
Am Markt 5, 54558 Gillenfeld, Tel. (06573) 720
www.gillenfeld.de, www.vulkaneifel.com

PULVERMAAR

Ein Vulkanausbruch formte die Wolfsschlucht bei Manderscheid

Stillstand durch Erkalten

Gut vorstellbar, dass in dieser Szenerie Kaspar, der Jäger, im Bund mit Samuel, dem Teufel, die tückischen Kugeln von Wagners „Freischütz" gießt. „Wolfsschlucht" nennen die Manderscheider denn auch die durchaus zum Gruseln geeignete Kulisse aus Feld, Wald und Wasser, in der praktischerweise auch noch die schwarze Teufelskralle blüht.

Dem Mosenberg-Vulkan verdankt dieser geologisch höchst interessante Platz seine Attraktivität. Als hier vor Jahrtausenden die gewaltigen Kräfte aus dem Erdinnern tobten, ergoss sich ein Strom Lava durch einen schmalen Graben hinab zum Tal der Kleinen Kyll. Bis zu 40 Meter mächtig war die glühende Masse, alles zerstörend, was sich ihr in den etwa 1.600 Meter langen Weg bis zum Stillstand durch Erkalten stellte.

Darüber ist heute natürlich längst Gras gewachsen, garniert mit Kostbarkeiten wie Berggoldnessel, dornigem Schildfarn und Mochuskraut und dem gelb blühenden „Rühr-mich-nicht-an". Zwischen prächtigen Ulmen und Ahornstämmen aber auch immer wieder der Blick auf die zu fein gegliederten Basaltsäulen erstarrte Lava an den Flanken der Schlucht.

Der bequeme Rundweg von der Heidsmühle entlang der Kleinen Kyll führt auch zum „Wasserfall". Als der Lavastrom seinerzeit das Flüsschen aufstaute, fiel das Wasser hier wohl 30 Meter tief. Im Laufe der Jahrtausende gelang es der

Ganz schön wild: Die Kleine Kyll tanzt in vielen Stromschnellen über das Lavagestein (links und oben)

Kyll, die felsige Barriere abzutragen. So findet der Wanderer heute nur noch eine wilde Stromschnelle vor. Und hinter den bemoosten Steinbrocken auf den Hängen in der Nachbarschaft darf die Fantasie ruhig Kegelkugeln von Samuel, dem Teufel, vermuten.

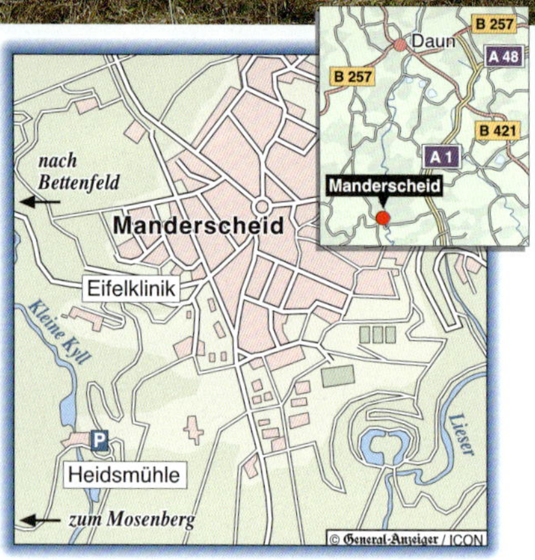

Erstarrte Lava: Basaltsäulen in der Wolfsschlucht

MANDERSCHEID

__Anfahrt:__ A 565/B 257 über Altenahr bis Kelberg, rechts ab auf schöner Landstraße über Daun nach Manderscheid, durch den Ort, am „Maarmuseum" rechts halten (Richtung „Bettenfeld"), nach etwa 300 Metern links ab, weiße Beschilderung „Eifelklinik / Heidsmühle", an der Klinik vorbei zur Mühle (großer gebührenfreier Parkplatz)
Alternative Rückfahrt vorbei an den Manderscheider Burgen über A 1/48 bis Mayen/B 262 bis Mendig/A 61/A 565
__Weg-Tipp:__ Den Rundweg „Wasserfall" an der Mühle links der Kleinen Kyll beginnen, die zweite Holzbrücke überqueren und wieder flussaufwärts, nach 100 Metern Einstieg in die „Wolfsschlucht" (Info-Tafel)
__Einkehr-Tipp:__ Heidsmühle oder im Städtchen Manderscheid
__Weitere Infos:__ Kurverwaltung, 54531 Manderscheid, Tel. (06572) 92 15 49 www.manderscheid.de

Die Strohner Lavabombe ist eine geologische Sensation im Manderscheider Land

Der kalte Knüller

Sprengarbeiten im Wartgesberg: Aus 15 Meter Höhe donnert plötzlich ein gewaltiger Felsball hinab. Als sich der Staub gelegt hat, stehen Arbeiter im Steinbruch vor einem Rätsel, an dem auch die Geologen noch zu knabbern haben sollten. Mehr als fünf Meter im Durchmesser misst

Mehr als fünf Meter Durchmesser: die Lavabombe im Eifelort Strohn

Vulkanmuseum: In der ehemaligen Scheune befindet sich eine imposante Lavaspaltenwand

das Projektil, das schnell seinen Namen weg hat: die Lavabombe.

Das Örtchen Strohn im Manderscheider Land hatte seine Sensation. Kugelförmige Einschlüsse in vulkanischen Wänden sind an sich nichts Ungewöhnliches, aber in dieser Dimension? Lange Zeit war unter Fachleuten umstritten, wie dieses 1969 herab gedonnerte Exemplar entstanden sein könnte. Bohrungen in den Kugelkern brachten schließlich die Lösung. Als der Wertgesberg vor etwa 12.000 Jahren Feuer spuckte, rutschte ein Stück Kraterwand in den glühenden Schlot zurück und wurde mehrmals wieder nach oben geschleudert.

Dabei klumpten immer mehr siedend heiße Lavafetzen an den Brocken an, durch die Rollbewegung wuchs die Riesen-„Bombe", die sich beim Erkalten in die Lavawand einbettete und dort ruhte, bis sie bei den Sprengarbeiten plötzlich wieder ans Tageslicht kam.

Engagierte Strohner Bürger sorgten im Winter 1980 dafür, dass ihr Geo-Knüller einen gebührenden Platz bekam. Bei Schnee und Eis schleppten sie das 120 Tonnen schwere Monstrum auf einer Eisenplatte mit einer Planierraupe vom Steinbruch an den Ortsrand und gaben ihrer „Bombe" dort den gebührenden Platz. Dokumentiert ist die seltsame Prozession im „Vulkanhaus“, der zweiten Attraktion des schmucken Ortes.

Kern des kleinen, aber feinen Museums in einer ehemaligen Scheune in der Ortsmitte ist eine sechs Meter lange und vier Meter hohe Lavaspaltenwand, von der Leitung des Hauses als „erdgeschichtliches Denkmal von europaweiter Bedeutung“ gefeiert.

Geschickte Beleuchtungseffekte unterstreichen die geheimnisvolle Wirkung des Objekts. Ansonsten rumort, donnert, blinkt und leuchtet es kräftig an zahlreichen interaktiven Stationen.

__Anfahrt:__ A 565/B 257 über Altenahr und Adenau nach Daun, von dort auf der B 421 in Richtung Kinderbeuren bis Abfahrt Gillenfeld, rechts ab über Gillenfeld, dort links nach Strohn

Alternativ A 61 bis Abfahrt Mendig, Querspange zur A 48 / A 1 bis Abfahrt Mehren, dort auf B 421

__Tipps:__ Die „Lavabombe“ ist ausgeschildert

Ein kleine Wanderung (2-3 km) weiter liegt die „Strohner Schweiz“. Das Flüsschen Alf hat südöstlich des Dorfes einen Lavastrom durchbrochen. So entstand eine wildromantische Schlucht mit steil abfallenden Felswänden, die in eine idyllische Talmulde mündet

Vulkanhaus: April/Oktober 10-17h, November/März 13-17h, Mo geschlossen. Eintritt 2 Euro, Kinder 1,50 Euro. Einkehrmöglichkeit im urigen Museumscafé

Weitere Infos

Vulkanhaus, Hauptstraße 38, 54558 Strohn
Tel. (06573) 95 37 21
info@vulkanhaus-strohn.de
www.vulkanhaus-strohn.de

Im Eifelort Niederehe erinnert ein Kloster an das frivole Treiben meist adliger Nonnen

Keine Spur von Zucht

Das wurde dem gräflichen Gönner Theoderich von Manderscheid-Blankenheim, Schleiden, Kronenburg, Neuerburg, Kerpen und Rechem und erst recht seiner Angetrauten Margaretha von Sombreff denn doch zu bunt, was die meist adligen Nonnen in Niederehe um 1500 so Weltliches trieben: üppiges Leben, Schulden über Schulden trotz vielfältigem Besitz und intensivem Ablasshandel, keine Spur mehr von verordneter Zucht nach den strengen Regeln des Augustinus. Das Grafenpaar machte sich den mächtigen Abt von Steinfeld zum Verbündeten, jagte die Damen vor die Tür und gründete ihr Kloster in ein Priorat der Prämonstratenser-Mönche um, inklusive verbrieftem Recht zu Eichelmast und Hasenjagd.

So kehrte wieder Ordnung ein in Niederehe in der „Hillesheimer Kalkmulde“. Die Patres und Fratres verwalteten redlich ihre vielen Güter bis hin zu Weinbergen in Ahrweiler,

Kunstvoll: das Hochgrab des Grafen Philipp von der Mark und seiner Gemahlin aus schwarzem belgischen Marmor

Beherbergt die wohl älteste Orgel in der Eifel: das romanische Gotteshaus in Niederehe

putzten die heruntergekommene Kirche auf, überstanden die Reformation mit der Konzession an die Protestanten, bei ihnen Gottesdienst feiern zu dürfen. Und sie wären vielleicht noch heute dort, wenn nicht Französische Revolution und Säkularisation 1803 die Auflösung des Klosters zur Folge gehabt hätten.

Geblieben sind die mächtige Mauer um das klerikale Ensemble, einmalig im Kreis der Vulkaneifel-Metropole Daun, das romanische Gotteshaus mit seinen ältesten Teilen aus dem 12. Jahrhundert und zwei barocke Flügel der Klostergebäude (nicht zugänglich).

Die Kirche erinnert mit Nonnenempore (wertvolles spätgotisches Chorgestühl von 1530) und darunter liegenden „Kryptenraum" gleich beim Betreten an die adligen Damen, die einst hier nur beten sollten. Auffallend ist das in schwarzem belgischem Marmor gehaltene Hochgrab (1625) im Seitenschiff mit den liegenden Monumenten des Grafen Philipp von der Mark und seiner Gemahlin Katharina von Manderscheid.

Beachtenswert auch die Figuren aus dem 16. und 17. Jahrhundert an den Wänden des eindrucksvollen Gotteshauses, darunter ein 2,70 Meter hohes Christuskreuz, sowie die Orgel des Meisters Balthasar König von 1714, die wohl älteste in der Eifel.

Beachtenswert: die Figuren aus dem 16. und 17. Jahrhundert an den Wänden des eindrucksvollen Gotteshauses, darunter ein 2,70 Meter hohes Christuskreuz

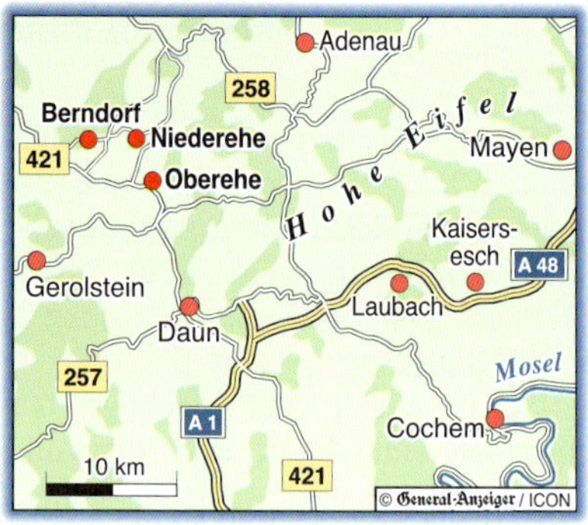

Anfahrt: *A 565/B 257 bis Kelberg, dort auf die B 410 (Richtung Gerolstein) bis Dreis, von dort auf B 421, hinter Oberehe Abzweig nach Niederehe*
Alternative Rückfahrt über Üxheim oder Hillesheim zur B 258 (oberes Ahrtal), von dort der Ahr entlang über Müsch, Antweiler, Schuld und Altenahr
Tipps: *Oberehe: Adelssitz aus dem 17. Jahrhundert, allerdings nur Blick durch den Torbogen möglich*
Berndorf: Wehrkirche von 1515
Abstecher ins sehenswerte Hillesheim mit Kirche, Burg und Stadtmauer und Einkehrmöglichkeiten
Weitere Infos: *Touristinfo, Graf-Mirbach-Straße 2*
54676 Hillesheim; Tel. (06593) 80 92 00
touristinfo@hillesheim.de, www.hillesheim.de

Der Arensberg ist der aufregendste Steinbruch in der Vulkaneifel

Hinein in den Schlot

Es ist so zwischen 24 und 32 Millionen Jahre her. Gewaltige Urkräfte reißen die Erde auf; heißglühende Lavaströme, Gesteinsmassen und Aschen werden hinaus geschleudert. Vulkanausbruch, nichts Ungewöhnliches in dem Landstrich, der sich heute Eifel nennt. Ungewöhnlich aber, was von diesem Naturereignis am Arensberg übrig blieb.

Gebührenfrei: Eingang zum Stollen am Arensberg

Interessante Gesteinsformationen: Basaltsäulen (rechts) und vulkanische Einschlüsse (unten)

Es ist der wohl beeindruckendste Steinbruch in der Vulkaneifel und eine der größten Attraktionen in der Hillesheimer Region. Am Ortsrand von Zilsdorf geht es (ausgeschildert) hinauf zum Arensberg (Parkplatz). Nach einer Viertelstunde Fußweg öffnet sich unvermutet ein mächtiger Stollen-Tunnel, einst befahrbar für die schweren Laster des Betriebs. Der Durchlass im Felsmassiv führt den Besucher nun schrankenlos und gebührenfrei zu jeder Tageszeit mitten hinein in einen Vulkanschlot aus der Tertiär-Zeit.

Eindrucksvolle Galerien von Basaltsäulen stehen gen Himmel, schließen Kubikmeter große Buntsandstein- und Muschelkalk-Blöcke ein. Verstreut glänzen diverse Mineralien in diversen Farben.

Ein Mekka für Gesteinskundige, ein Augenschmaus auch für den Laien, anschauliche Tafeln helfen beim Verstehen. Wer mit dem Hämmerchen sein Glück versucht, stößt schnell auf Interessantes.

Schon die Römer haben wohl Steine am Arensberg, auch Arnulphusberg, gebrochen. Bei Sprengarbeiten stieß man auf zahlreiche Spuren der Eroberer von jenseits der Alpen und auf Zeugnisse mittelalterlicher Aktivitäten. Über Jahrhunderte war die Höhe (500 m über NN) Ziel von Wallfahrern, die hier den heiligen Arnulf von Metz verehrten. Eine Kapelle von 1182 ist verbürgt, sie wurde aber im 19. Jahrhundert abgerissen.

Erhalten sind Reste von Kreuzwegstationen. Man vermutet, dass hier auch eine Ritterburg namens Spielberg gestanden hat.

Anfahrt: *B 257 bis Kelberg, B 410 bis Dreis, B 421 Richtung Hillesheim bis Zilsdorf*
Oder A 1 über Blankenheim bis Autobahnende, von dort nach Hillesheim, dort auf B 410 Richtung Kelberg bis Zilsdorf
Weitere Infos: *Touristinfo, 54576 Hillesheim, Tel. (06593) 80 92 00*
www.hillesheim.de, www.ngp-ve.de

In Roth bei Gerolstein kann eine Eishöhle besichtigt werden

Laune der Natur

Ein Naturphänomen gibt es im Gerolsteiner Land in der Nordeifel zu bewundern. In der Höhle von Roth bleibt das Eis gefroren, auch wenn draußen die Sommerhitze brütet. Wer ein wenig Traute und am besten auch einen Kopfschutz sowie eine Taschenlampe mitbringt, der kann sich ruhig ein paar Meter hinein in die Höhlen am Rother Kopf wagen. Zwei der zahlreichen unterirdischen Gänge sind frei zu betreten, die Eishöhle und die Mühlsteinhöhle gleich nebenan.

Mühlsteine wurden hier in früheren Jahrhunderten in der ganzen Gegend bergmännisch abgebaut. Die Spuren sind noch heute unter der Erde und im Umfeld der Höhleneingänge gut sichtbar. Auch in der „Eishöhle“, die ihren Namen einer Laune der Natur verdankt. Nur wenige Meter hinter

Eishöhle in Roth: Eingang (oben); Eisschicht (unten links)

dem engen, steil abfallenden Eingang ist die Temperatur konstant unter oder um Null Grad, sodass die Eisschicht auf dem wasserführenden Boden fast nie taut. Weil die Höhlenpforte deutlich höher liegt als die Kaverne selbst, kann die im Winter einfallende kalte Luft im Sommer nicht nach oben aufsteigen und sich erwärmen. Das dichte vulkanische Gestein rundum tut ein Übriges zur Konservierung der Kälte.

Vor der Erfindung des Kühlschranks waren Höhlen wie diese besonders wertvoll für die Menschen. Im 17. Jahrhundert, so wird berichtet, haben sich auch die Kölner Kurfürsten der natürlichen Kühlkammer in freier Natur bedient und hier Speisen und Getränke zeitweise deponieren lassen.

Sogar gekrönte Häupter sollen in den Genuss von Rother Gefrorenem gekommen sein: Als sich 1818 Russlands Zar Alexander I, der Österreichische Kaiser Franz I. und Preußens König Friedrich Wilhelm III. mit Vertretern Englands und Frankreichs zum „Aachener Kongress" versammelten und dort den revolutionär-demokratischen Umtrieben ihrer Untertanen den Kampf ansagten, wurden Speis und Trank mit Eisbarren aus Roth frisch gehalten.

„Wenn Du in eine Höhle gehst, nimm nichts mit, lass nichts zurück, zerstöre nichts und schlag nichts tot!" steht auf einem Schild vor den Höhlen. Vorsicht bei der Erkundung auf eigene Faust, Rutschgefahr nicht unterschätzen!

Weniger dramatisch ist das Klettern in der wildromantischen Felslandschaft rundum, die durch Wanderwege erschlossen ist. Interessant ist auch ein Weg um den noch genutzten Steinbruch in der Nähe.

Anfahrt: *A 565/B257 über Altenahr und Adenau bis Kelberg, von dort B 410 nach Gerolstein, von hier Richtung Kalenborn-Scheuren bis Roth*
In der Ortsmitte auf schmaler, mit „Zur Eishöhle“ ausgeschilderter Straße bis zum Waldende kurz vor dem Steinbruch, dort parken und zu Fuß etwa fünf Minuten gehen
Rückfahrt-Alternative über Stadtkyll, dann B 51 über Blankenheim und Münstereifel, von dort über Rheinbach nach Bonn
Weitere Infos: *Tourist-Info, Kyllweg 1, 54568 Gerolstein*
Tel. (06591) 13 180
www.gerolsteiner-land.de

Eine Teufelsschlucht und bizarre Felsen prägen das Ferschweiler Plateau in der Südeifel

Labyrinth aus Stein

Wer durch die „Teufelsschlucht“ steigt, genießt ein Naturschauspiel der Superlative. Steile Felswände, bis zu 30 Meter hoch, und wie von Titanenhand hingeschleuderte Blöcke in bizarren Formen prägen das Ferschweiler Plateau bei Irrel in der Südeifel. Durch die Schlucht führt ein abenteuerlicher Pfad – mal alpin, mal eben, und eingebettet in eine üppige Vegetation.

„Wir wollen die Menschen aktiv in ein atemberaubendes Erlebnis hineinführen“, sagt Bruno Zwang, Leiter der Naturerkundungsstation Teufelsschlucht mitten im deutsch-luxemburgischen Naturpark. Bevor Jung und Alt den Weg ins steinerne Labyrinth suchen, sollten sie sich im Info-Zentrum auf den einstündigen und gut gesicherten Kraxel-Weg vorbereiten.

Teufelsschlucht: Bizarre Felsen prägen das Ferschweiler Plateau (oben)

Vor etwa 180 Millionen Jahren, so erfährt der Besucher hier, erstreckte sich in dieser Gegend ein riesiges Meer. Ablagerungen (Keuper- und Lias-Schichten) blieben als acht mal vier Kilometer messendes Plateau zurück. Der Wechsel von Frost- und Tau-Perioden am Ende der letzten Eiszeit hatte mächtige Felsabbrüche zur Folge. Erosionen von Wind und Wasser taten ihr Übriges – eine wildromantische Landschaft wurde geboren. So majestätisch die Felsen, so filigran ist manches Detail. Charakteristisch sind die wabenartigen Auswaschungen in den Wänden („Luxemburger Sandstein"). Schaut man bei passendem Lichteinfall in einzelne Ritzen, strahlt dort phosphorisches „Leuchtmoos".

Schon vor 6.000 Jahren haben in dieser Gegend Menschen gelebt und gejagt, Zuflucht in natürlichen Höhlen gesucht, Kultplätze mit rätselhaften Menhiren hinterlassen. Kein Wunder, dass auch die Neuzeit dieser einzigartigen Landschaft mystische Deutungen mitgibt. So bekam der 28 Meter tiefe begehbare Spalt irgendwann des Teufels Namen. Passend dazu heißt die Gastronomie im Infozentrum „Teufelsküche".

Mal eben, mal alpin: Ein abenteuerlicher Pfad führt durch die Teufelsschlucht

Anfahrt: *A565 / B 257 Adenau, Kelberg, Daun, dort wieder auf B 257 vorbei an Bitburg Richtung Echternach (Lux.) bis Irrel, dort weiter nach Ernzen, am Ortsrand „Naturerkundungszentrum" (ausgeschildert). Alternative, schnellere Anfahrt über A 61 bis Mendig, zur A 48 / A1 bis Wittlich, A 60 bis Bitburg, weiter auf B 257 nach Irrel*

Tipp: *Beschilderten Rundweg vom Besucherzentrum aus „linksherum" gehen, dann liegt der Höhepunkt „Teufelsschlucht" am Ende der etwa einstündigen Runde*

Besucherzentrum: *Mit Haus der Jagd, Imkerei und Naturspielplatz; geöffnet Ostern bis Mitte November (tägl. 11-18h), Nebensaison auf Anfrage*

Weitere Infos: *Naturerkundungsstation Teufelsschlucht, Ferschweilerstraße, 54668 Ernzen, Tel. (06525) 93 39 30*
www.teufelsschlucht.de, www.irrel.de

In Holsthum beginnt im September die Hopfenernte – und der Weg durch die duftenden Plantagen in der Eifel ist besonders attraktiv

Grünes Gold

Herbert Dick ist kein Eifel-Bauer wie jeder andere. Wenn er und seine Helfer im September die Ernte einfahren, haben sie zwar reichlich Reben auf dem Wagen, aber mit Wein nichts im Sinn, sondern nur mit Bier. „Grünes Gold“ nennt Dick sein Produkt: Hopfen baut er an, und das in Holsthum im Unteren Prümtal.

Seltener Anblick: Das Prümufer ist das einzige Anbaugebiet im Westen Deutschlands

Reife-Prüfung: Eifelbauer Dick untersucht seine Reben, die wie beim Wein mit Jahrgang, Gebiet und Sorte amtlich festgehalten werden

Wer die Autobahn von Nürnberg nach München fährt, kennt die weiten Hopfenfelder in der Holledau. Aber sieben Meter hohe Gerüste mit den kräftig rankenden Pflanzen mitten in der Eifel? Der Besucher ist überrascht, wenn er sich dem Örtchen Holsthum nähert und plötzlich Stangenwälder das Prümufer säumen. Dass es hier das einzige Anbaugebiet dieser seltenen Nutzpflanzen im Westen Deutschlands ist und dies mit höchster EU-Anerkennung, verdankt die Gegend ihrem erstaunlich milden und genügend feuchten Klima und der Nähe zu Bitburg: Wer „bitte ein…“ bestellt, hat quasi Hols-thumer Hopfen im Glas, denn alles, was in der Gemarkung reift, geht heute an die große Eifeler Brauerei. Dick ist letzter Erbe einer heimischen Zunft, die seit 1560 verbürgt ist und im Jahr 1868 einen Hopfenbauverein mit 386 produzierenden Mitgliedern, die bis nach Köln lieferten, umfasste.

Kurz vor der Ernte, meist Mitte September, ist der Gang durch die Plantagen besonders attraktiv. Zentnerschwer hängen die Reben mit ihrer Frucht, den Dolden, in den Gerüsten. Regen und Wind verdoppeln die Lasten, die von den Drähten ausgehalten werden müssen. Ist der Hopfen nach 100 Tagen Pflege endlich reif, wird die gesamte Pflanze mit kranartigem Gerät abgenommen und in Dicks Hof mit einer Art Dreschmaschine „gepflückt“: Ratternd streift der Apparat die Blätter der Reben ab, die Dolden bleiben übrig, wandern über Förderbänder zum Trocknen und zur weiteren Behandlung hoch hinauf in einen Speicher („Darren“).

Nach etwa drei Wochen ist es so weit, dass der „Siegelmeister“ Qualität und Menge der in Säcken abgefüll-

ten Ware ähnlich wie beim Wein mit Jahrgang, Anbaugebiet und Sorte amtlich festhalten kann. Dann endlich gehen die duftenden Säcke ab zur Brauerei. Gerne lässt Herbert Dick sich über die Schulter schauen, wenn es die Zeit erlaubt. Wer den Betrieb intensiver besichtigen will, der sollte sich vorab anmelden. Bier gibt's zwar nicht auf Dicks Hof, dafür aber einen umwerfenden „Hopfentau".

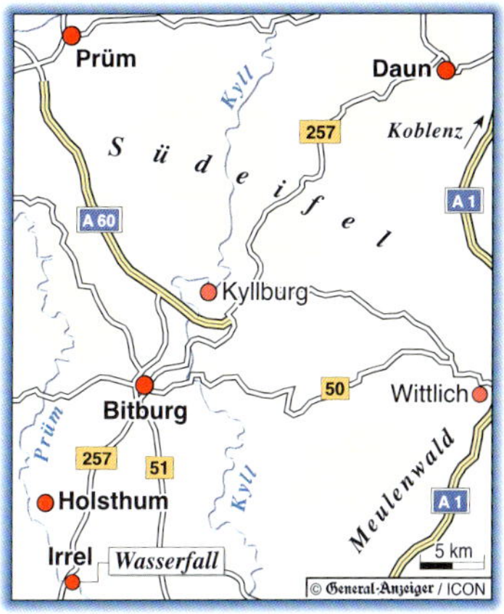

Anfahrt: *A 565, B 257 über Altenahr, Adenau nach Kelberg, von dort nach Daun, wieder auf die B 257 über Bitburg Richtung Echternach bis vor Irrel (sehenswerter Wasserfall), rechts ab auf schöner Nebenstraße entlang der Prüm über Prümzurley (Burgruine) nach Holsthum; schnellerer Rückweg über Daun, A 1/48 bis Mayen, Mendig, A 61*

Hofbesichtigung: *Vorherige Anmeldung unter Tel. (06523) 464; Eintritt: 3 Euro; bei Holsthum ausgeschilderter Wasserlehrpfad und Archäologischer Lehrpfad*

Weitere Infos: *Verkehrsamt, Auf Omesen 2, 54666 Irrel, Tel. (06525)79-115, Fax (06525)79-244*
eifel@irrel.de, dick.hopfen@t-online.de, www.irrel.de

Das Städtchen Nideggen in der Rureifel hat eine bewegte Vergangenheit

Rauer Recke

Der „starke Helmes“, Graf Wilhelm II. von Jülich, ließ sich Hinterhältiges einfallen, nachdem er sich mal wieder über seine wohl zu aufmüpfige Angetraute Alveradis bis zur Weißglut geärgert hatte. Die Ärmste wurde mit Honig bestrichen und an die Außenmauer der gräflichen Burg in Nideggen gehängt. Aber bevor Bienen und Wespen der Jammernden allzu viel Pein antun konnten, befreiten wackere Dörfler die Edle, die ihre Retter dafür mit einem prächtigen Wald beschenkte.

Die rührende Geschichte ist eine von vielen, die sich um die festungsartige Burg auf dem Felssporn neben dem Städtchen in der Rureifel ranken. Zuzutrauen wäre sie jedenfalls jenem rauen Recken Wilhelm, der 1177 bis 1191 die ersten Mauern in Nideggen hochziehen ließ. Diese sollten, immer wieder erweitert, bis zum 15. Jahrhundert Residenz der Jülicher Grafen bleiben.

Wilhelm II. und seine Nachfolger lagen ständig im Streit mit den Kölner Kurfürsten. Die Erzbischöfe Konrad von

Eindrucksvolles Mittelalter: Die Festung von Nideggen mit wehrhaftem Stadttor (oben) und der Ruine des riesigen Saales der Burg (links)

Hochstaden (erster Bauherr des Doms) und Engelbert II. von Falkenburg schmachteten als Gefangene in den feuchten Verliesen des gewaltigen Bergfrieds, der eine neun Monate, der andere mehr als drei Jahre.

Nideggen barg bis zur ersten Zerstörung 1542 im Geldrischen Erbfolgekrieg einen der herausragenden gotischen Saalbauten des Rheinlandes, mit 61 Metern Länge und 16 Metern Breite vergleichbar mit dem Kaisersaal in Aachen und dem Kölner Gürzenich. Steht man heute vor den riesigen Ruinenmauern, lässt sich diese Dimension durchaus noch nachvollziehen.

Schon 1313 erhielt Nideggen das Stadtprivileg. Der Ort blühte unter der Protektion der Grafen auf, umgab sich mit

Mauern und Toren. Große Höfe und gediegene Bürgerhäuser entstanden, eine eindrucksvolle Kirche im romanischen Baustil und ein repräsentatives Rathaus wurden errichtet. Vieles davon ist erhalten, vieles aber fiel auch im Zweiten Weltkrieg Bomben und Granaten zum Opfer, als Nideggen zum heftig umkämpften Frontgebiet wurde. Heute sind die Wunden längst vernarbt, und der Ort hat durchaus wieder ein mittelalterliches Gepräge.

Fachwerkidylle: Pförtnerhaus an der Burg Nideggen

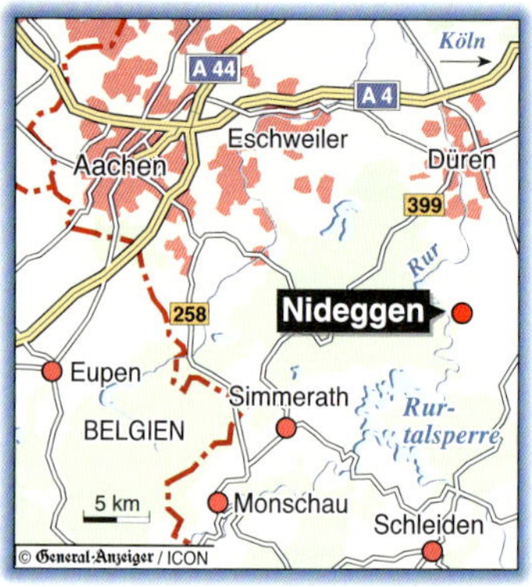

Anfahrt: *B 56 über Euskirchen nach Zülpich, B 265 bis Wollersheim, von dort auf ausgeschilderter Landstraße nach Nideggen*
Alternative Rückfahrt durch die Rureifel über Heimbach, Gemünd und Euskirchen
Besuchstipp: *Burgenmuseum mit Einblicken ins mittelalterliche Leben. Geöffnet: Di-So 10-17h, im Winter (1.11.-31.3.) nur Sa, So und an Feiertagen*
Weitere Info: *Rathaus, Zülpicher Straße 1, 52385 Nideggen, Tel. (24427) 80 90*
buergermeister@nideggen.de, www.nideggen.de

Das Kraftwerk Heimbach in der Eifel ist eine Sehenswürdigkeit der anderen Art

Unter Strom

Wer vor diesen weißen Mauern steht, denkt eher an Kirche als an Kraftwerk. Aber was sich dort in reinstem Jugendstil präsentiert, ist keineswegs ein Sakralbau, sondern beherbergt in der Tat Turbinen. Seit 100 Jahren wird hier Strom produziert. Energiequelle ist das, wovon die Nordeifel (noch?) reichlich hat: Wasser.

Das Kraftwerk in Heimbach, das älteste der RWE, ist eine Sehenswürdigkeit der anderen Art. Längst unter Denkmalschutz, steht dieses Zeugnis früher Hochtechnologie heute dem Besucher bei der täglichen Führung offen. Und das, obwohl hier immer noch Hochspannung erzeugt wird.

Als die Rotoren anliefen, war Heimbach die größte von Wasser getriebene Stromfabrik Europas. Mit 12 Megawatt

Alt trifft neu: Während die neuen Generatoren laufen, können die Besucher des Kraftwerks Heimbach in der Jugendstil-Masvchinenhalle die Technik von damals bewundern

Einzigartige E-Werk-Architektur: Der Bau im reinen Jugendstil (oben) besticht in Gänze wie im Detail (rechts)

Leistung wurde über 400 Kilometer eigene Freileitungen der ganze preußische Regierungsbezirk Aachen versorgt. Kaum eine Region, in der so früh flächendeckend die Petroleumlampe im Wohnzimmer ausgedient hatte!

Unsere Großväter nutzten die Topographie der Osteifel für ein kühnes Projekt. Kaiser Wilhelm höchst persönlich weihte 1905 die imposante 58 Meter hohe Wand ein, die aus der Urft, einem kleinen Nebenfluss der Rur, den damals größten Stausee Europas formte, die erste von heute 14 Talsperren in Osteifel und Hohem Venn. Vom Urftsee wurde ein 2,7 Kilometer langer Stollen in Richtung Heimbacher Rurtal getrieben, dessen letztes Stück 100 Meter tief fällt und damit der Wassersäule den nötigen Druck für den Antrieb der Turbinen im Kraftwerk verleiht. 16 Kubikmeter pro Sekunde donnerten damals durch die Rohre, heute sind es gar 18, die die Generatoren mit nunmehr 25 Megawatt Leistung antreiben.

Gegen Ende des Zweiten Weltkriegs – die Gegend war hart umkämpft („Ardennen Offensive") – sprengte die deutsche Wehrmacht die Verschlüsse des Druckstollens, die Urfttalsperre lief leer, das Kraftwerk wurde überflutet, überstand aber das Inferno relativ unbeschadet. 1948 drehten sich die Turbinen wieder.

Bei der Modernisierung 1975 wurde die neue Technik so platziert, dass die alte erhalten bleiben konnte. Sie ist zudem sorgsam restauriert und wird mit viel Liebe zum Detail gepflegt. So kann der Besucher heute die in Mahagoni gefassten Marmortafeln an den Schaltanlagen ebenso bewundern wie die mächtigen Aggregate in Jugendstil-Maschinenhalle. Und als hochinteressante Beigabe ist eine Ausstellung elektrischer Hausgeräte aus den zurückliegenden hundert Jahren zu bestaunen – von Tauchsieder und Waffeleisen bis zu fossilen Kühlschränken und Waschmaschinen.

Anfahrt: *B 56 bis Euskirchen, auf der B 266 nach Gemünd und von dort zunächst auf der B 265, dann auf ausgeschilderter Landstrasse nach Heimbach, dort weiter Richtung Schwammenaul bis Hasenfeld (Beschilderung „RWE-Industriemuseum")*

Führungen: *(kostenlos!): Mo-Fr 14.30, Sa,So,Fei 14 Uhr, Anmeldung nicht erforderlich*

Tipps: *Im benachbarten Schwammenaul bietet sich eine Schifffahrt auf dem Rursee an (nur im Sommer). Empfehlenswert auch eine Naturpark-Rundfahrt über Schwammenauel und den Kermeterwald zurück Richtung Nideggen. Tipp: Einen Besuch lohnt das Informationszentrum Wasser in Heimbach mit allerhand greifbaren Informationen über unser kostbares Naturgut, geöffnet täglich außer montags von 14 - 17 Uhr, Eintritt 2,50 Euro, Kinder bis 6 Jahre frei, 6 bis 17 Jahre 1,50 Euro; Familienkarte 5,00 Euro*

Die Abtei Mariawald in der Eifel ist das einzige Trappistenkloster in Deutschland

Der Orden des Schweigens

Der Strohdachdecker Heinrich Fluitter war ein frommer Mann. 1470, so wird berichtet, kaufte er für neun Mark auf einem Kram-Markt in Köln eine spätgotische Pietà, Maria mit dem Leichnam Jesu, und stellte sie in einem hohlen Baumstamm im Wald hoch über seinem Eifler Heimatort Heimbach zur Verehrung auf. Es dauerte nicht lange, bis immer mehr Pilger zur leidenden Gottesmutter hinauf zogen. Nur 15 Jahre später bauten Zisterzienser in der Nähe ein Kloster. Sie nannten es Nemus Mariae – Mariawald. Die Pietà fand zunächst in einer hölzernen, dann in einer steinernen Kirche ihre Heimat. Um 1520 wurde die schlichte kleine Skulptur mit Antwerpener Schnitzwerk kunstvoll eingerahmt.

Trotz aller kriegerischen und politischen Wirren hat die Abtei die Zeiten überstanden. Zwar machten Napoleons Truppen 1794 dem zisterziensischen Klosterleben ein Ende, aber 1860 übernahmen Patres und Brüder des strengen Schweigeordens der Trappisten die heruntergekommene Anlage und sanierten sie in mühevoller Eigenarbeit. Die Nazis wiederum vertrieben 1941 die letzten Mönche wegen „staatsfeindlicher Aktivitäten“ und machten später die Liegenschaften zum Feldlazarett. Viele dort verstorbene Soldaten sind auf dem Ehrenfried-

hof oberhalb des Klosters beerdigt. Doch schon Ende April 1945 kamen die ersten Mönche zurück und machten sich an den Wiederaufbau der während der Ardennenoffensive in den letzten Kriegsmonaten weitgehend zerstörten Kirche und des Klosterareals.

Heute ist die Trappistenabtei Mariawald das einzige Kloster, das dieser Orden noch in Deutschland unterhält. Beten und körperliche Arbeit stehen auf dem Tagesprogramm der 14 Mönche, deren Morgen um 3.45 Uhr nach siebeneinhalbstündiger Schlafenszeit beginnt. Berühmt und beliebt

sind ihre „Mariawalder Erbsensuppe", aber auch ihr Likör, ihr (allerdings aus Belgien stammendes) Trappistenbier, Käse, Rosinenbrot, Lebkuchen und ihre feinen Trüffelpralinen, angeboten in der Pilgergaststätte und im Klosterladen.

Seine Pietà würde der gottesfürchtige Dachdekker Fluitter heute allerdings vergeblich droben im Wald suchen. Ein Heimbacher Pfarrer hat sie samt dem kostbaren Schnitzwerk kurz vor dem Franzoseneinmarsch in Sicherheit gebracht. Seitdem ist sie zentrales Heiligtum in der Doppel-Pfarrkirche des Städtchens unweit des Rursees und dort auf jeden Fall einen Besuch wert.

Anfahrt: *B 56 bis Euskirchen, auf der B 266 nach Gemünd und von dort zunächst auf der B 265 (Fahrtrichtung Köln/Zülpich), dann links ab auf ausgeschilderter Landstraße Richtung Heimbach bis Mariawald*

Tipps: *Klostergaststätte geöffnet 10-17h*
Rundfahrt durch den Nationalpark Eifel über Heimbach und Schwammenauel (Rursee) nach Gemünd

Weitere Infos: *Verkehrsamt, Seerandweg 3, 52396 Heimbach Tel. (02424) 808 18*
www.heimbach-eifel.de, www.rureifel-tourismus.de
Abtei Mariawald, Mariawalder Straße, 52396 Heimbach, Tel. (02446) 950 60
www.mariawald.de

In Höfen bei Monschau schützen hohe Hecken Haus und Hof

Warme Luft im Winter

Höfen hat was. Wer durch den Ort auf rauer Eifelhöhe läuft, stößt auf Ungewöhnliches. Meterhohe Hecken schützen Haus und Hof vor Wind und Wetter. Und so nebenbei auch vor unerbetenen Blicken. 1361 ist das Dorf oberhalb von Monschau erstmals beurkundet. Wann die Bewohner „auf den Hoven" auf die Idee kamen, ihre Behausungen mit riesigen Rotbuchenhecken zum umfrieden, ist nicht überliefert.

Jedenfalls ist es seit Menschengedenken in Höfen und vereinzelt auch in einigen Nachbarörtchen üblich, dem kalten Klima auf diese naturbelassene Art zu trotzen. Das Dorf gehört zu einer Gegend, in der die Temperaturen stets einige Grade niedriger sind als im Rest der Eifel – wofür auch der Name einer Gemeinde in der Nähe, nämlich „Kalterherberg", spricht.

Hecken in Höfen: naturbelassener Schutz gegen die Kälte

Die haushohen Buchenhecken sind geflochten und mit Latten verstärkt. Sie sind nach der vorherrschenden Windrichtung ausgerichtet. Im Winter sorgen sie bei starken Winden für höhere Lufttemperaturen und senken dadurch die Heizkosten. An heißen Tagen bewirken sie kühlende Luftströmungen.

Seit 1967 holt sich Höfen immer wieder Preise im bundesweiten Schönheitswettbewerb. Nach Goldmedaillen 1987 und 2001 kam 2004 die Krönung mit dem Europäischen Dorferneuerungspreis hinzu. „Mehr als einen Platz im Mittelfeld hatte ich nicht erwartet, denn Europa ist ja nicht gerade klein", freut sich Ortsvorsteher Heinz Kerkmann.

Prämierungswürdig ist das einzigartige Ensemble aus immerhin 156 großen Hecken und 24 denkmalgeschützten Fachwerkhäuser im charakteristischen Venn-Stil. Einige sind auch heute noch mit Stroh oder Reet auf dem mächtigen, auf der Wetterseite fast bis zum Boden reichenden Walmdach („Schleppdach") gedeckt, das Wohn- und Wirtschaftsräume unter sich vereinigt. „Der Eingang des Hauses führt meist in die Küche, wo in einer Ecke eine gewundene, schmale Treppe aufsteigt. Von der Küche tritt man in die Stube und in die Schlafräume, die meist an geschützter Stelle mitten im

Haus liegen“, beschreibt ein Heimatführer das typische Vennhaus.

In den vergangenen Jahren sind viele dieser Häuser unter hohem Aufwand saniert und in ihren ursprünglichen Zustand zurückgebaut worden. Der neue Nationalpark Eifel honoriert das Engagement: Höfen wurde zu einem der Eingangstore des Parks erklärt.

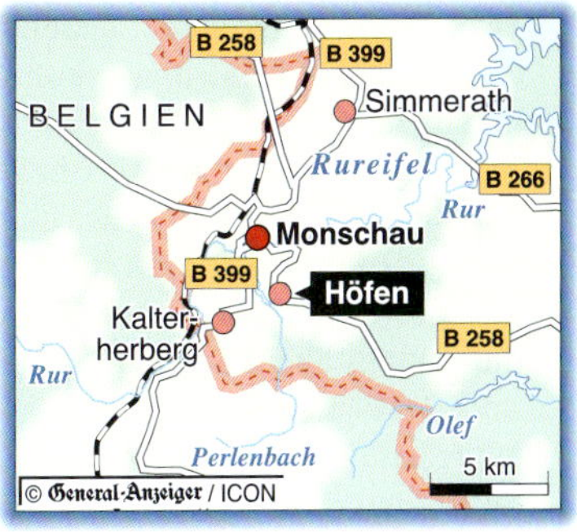

Anfahrt: *B 56/B 266 über Euskirchen nach Gemünd, B 265 nach Schleiden, B 258 Richtung Monschau bis Höfen*
Alternative Rückfahrt über Monschau entlang der Rur bis Einruhr, von dort nach Gemünd, B 266/B 56 Euskirchen/Bonn
Tipp: *Einkehr im malerischen Eifelstädtchen Monschau: beschrieben in „D'heins Regiotipps“, Bd. 1, 178 S., 65 Ziele und Karten, 129 Fotos, 12,50 Euro; erhältlich in allen Geschäftsstellen des General-Anzeigers und im Buchhandel*
Weitere Infos
Tourist-Information, Stadtstraße 1, 52156 Monschau, Tel. (02472) 80 480
touristik@monschau.de, kontakt@hoefen.de
www.monschau.de/touristik, www.hoefen.de

Im Eifeldorf Eschfeld steht ein gar ungewöhnliches Gotteshaus

Der Pfarrer mit dem Pinsel

Außen schlicht, innen nicht: In der Eschfelder Kirche (rechts und nächste Seite) schwang Pastor Christoph März (links) höchstselbst den Pinsel – und das ganze Dorf stand Modell für biblische Szenen

Wahrscheinlich hatte der Jungpriester Christoph März noch nie von Eschfeld gehört, als der Trierer Bischof den geborenen Moselaner in das 200-Seelen-Dorf im Eifeler Dreiländereck von Deutschland, Luxemburg und Belgien versetzte. Eine Art Verbannung für einen umtriebigen, den schönen Künsten zugeneigten Theologen, ein herrlich gelegener Ort, aber quasi „am Ende der Welt" – und zu allem Übel mit einer seit zehn Jahren verwaisten kargen Kirche ohne jeden Schmuck. Das war 1899. 20 Jahre später ist das Gotteshaus ein Meer von Farben und Formen. Mehr als 1.000 Gesichter und Gestalten prägen die bunten Szenen aus der biblischen Geschichte an Wänden und Decken, in Nischen und Gewölben, mal realistisch, mal expressionistisch, im Stil den frühen italienischen Kirchen angenähert. Der Name des Künstlers: Christoph März.

Man will es kaum glauben. Aber jeder Pinselstrich in St. Luzia stammt vom Pfarrer persönlich, einem Mann, der in keine Schablone passt. „Selbstbewusst, autoritär, stur und cholerisch, weltoffen, großzügig, nachdenklich und humorvoll", beschreibt der Lokalhistoriker Karlheinz Weis den Geistlichen. „Ne eijensinnige Här" für die Eschfelder Gemeinde. Und mit diesem Eigensinn geht der „Pastuur" systematisch ans ungewöhnliche Werk. In Düsseldorf, Bonn, dann in Rom und Florenz rüstet der Gottesmann, der auch Violine, Klavier und Orgel spielt, seine zeichnerische Begabung hoch und beginnt 1906, seine Kirche auszumalen. Er lässt das halbe Dorf Modell stehen und scheut keine Auseinandersetzung mit seinen Vorgesetzten, die das Treiben in Eschfeld mit höchst gemischten Gefühlen beobachten.

Was in aller Welt soll die Kaffeetasse in der Bibel, wird die laute Frage des Bischofs vor versammelter Gemeinde bei einer Visitation überliefert. Es geht um die Frau, die im Gleichnis aus Freude über die wiedergefundene Drachme ihre Nachbarinnen herbeiruft. „Warum, Exzellenz, soll sie ihren Gästen nicht eine gute Tasse Kaffee aufschütten?“, wehrt sich der Malerpastor unbeirrt. Übersetzen will März das Biblische ins Alltagsleben seiner Eschfelder, die ganze Kirche ein Bilderbuch.

15 Jahre braucht er für dieses erstaunliche Werk, holt sich in dieser Zeit immer neue Anregungen in Kirchen und Museen zwischen London und Prag, Kopenhagen und Madrid, gestaltet später auch noch andere Gotteshäuser aus.

Das Leben des Christoph März endet abrupt, wie vorherbestimmt: Beim Ausmalen seines neuen Pfarrhauses stürzt

der 64-Jährige vom Gerüst und stirbt wenig später in einem Prümer Krankenhaus. „Legt mir einen Pinsel in den Sarg, vielleicht ist im Himmel noch was auszumalen“, soll einer seiner letzten Sätze gewesen sein.

ESCHFELD

Anfahrt: *B 56 bis vor Euskirchen, B 51 vorbei an Münstereifel und Blankenheim bis Umgehung Prüm, Wechsel auf B 410 Richtung Dasburg über Arzfeld bis Irrhausen, dort rechts ab nach Eschfeld*

Tipps: *Kirchenführer 3 Euro (liegt aus)*

Besuch des Orchidariums mit Alpengarten in Daleiden (von Irrhausen 3 km weiter auf der B 410)

Führung in der Kirche über Tel. (06559) 858 oder 642

Weitere Infos: *Tourist-Information Arzfeld, Tel. (06550) 96 10 8*

www.eschfeld.de, www.eifelmaler.info

Das Landschaftsmuseum Westerwald in Hachenburg zeigt die historische Wohnkultur der Region

Brot aus dem Steinofen

Westerwälder Wohnkultur pur: Wer einen Blick zurück werfen will auf das Leben in einer Region, wo der Wind so kalt weht, dem sei das Landschaftsmuseum im Park des Hachenburger Schlosses wärmstens empfohlen. Kern des kleinen Ensembles ist das Jagdzeughaus der Grafen von Sayn-Hachenburg, deren rege Bautätigkeit im Barock das Gesicht des sehenswerten Städtchen heute noch prägt – mit der fünfflügeligen Schlossanlage, den beiden prachtvollen Kirchen und repräsentativen Fachwerkhäusern (s. „D'heins Regio-Tipps", Band 1).

Wie bei Freilichtmuseen üblich, wurden in Hachenburg Gebäude wieder aufgebaut, die anderswo weichen mussten. So findet sich dort die Mühle von 1750 aus dem Örtchen

Hachenburg: Freilichtmuseum (unten); Wohnstube, Bauernküche und Schlafkammer (obere Reihe)

Frickhofen, in der früher Öl aus Raps, Rüben und Leinsamen gewonnen wurde. Das Wohnhaus ist mit Stuben und Küchen aus dem 18. und 19. Jahrhundert ausgestattet.

Spartanisch ging es in der Schulstube zu, die Kinder hatten nicht mehr als ihre kargen, von Generationen zerkratzten Bänke. 40 Schüler aller Jahrgänge wurden in einem Raum unterrichtet. Und im Winter mussten sie Brennmaterial für den bulligen Kanonenofen mitbringen.

Im Haus Norken von 1723 gehen Wohnung, Stall und Scheune ineinander über. Die Menschen nutzten die Wärme, die von Rind und Ochs, Schaf und Ziege ausging. In einem Haus von 1680 sind Pflüge und Eggen zu studieren. Im Büdinger Backhaus von 1850 wird heute noch gelegentlich herrlich duftendes Brot aus dem Steinofen geholt.

Und wie Urgroßmutter einst am gusseisernen Herdmonstrum regierte oder die Wäsche im Zuber wieder weiß bekam, das macht durchaus nachdenklich in unserer High-Tech-Welt.

Naturkundliche und frühgeschichtliche Schausammlungen ergänzen das Angebot des Museums. Im Laden lockt nostalgisches Blechspielzeug. Auch Schiefertafel, Griffel, Gänsekiel und Tinte finden ihre Abnehmer.

Anfahrt: *A 595/ A 59 / A 560 bis Autobahnende in Hennef, weiter geradeaus auf der B 8 bis vor Altenkirchen, dort auf die B 413 nach Hachenburg. Oder A 3 über Dierdorf*

Landschaftsmuseum Westerwald: *Burggarten, 57627 Hachenburg, Tel. (02662)74 56*
info@landschaftsmuseum-ww.de
www.landschaftsmuseum-ww.de
Öffnungszeiten: Di-So 10-17h
Eintritt: 3 Euro, Senioren 2 Euro, Kinder 1 Euro, Familien 5 Euro
Weitere Infos: *www.hachenburg.de*

Im Basaltpark Marienberg lässt sich die feurige Vergangenheit der Eifel erkunden

Probierstein der Römer

Nicht nur in der Eifel wüteten einst Vulkane, auch der Westerwald wurzelt auf glühendem Boden, beispielhaft zu studieren im „Basaltpark“, einem stillgelegten Steinbruch am Rand des Kurstädtchens Bad Marienberg. Vor etwa 30 bis 25 Millionen Jahren erschütterten hier gewaltige Eruptionen das Land, die charakteristischen Vulkankegel türmten sich auf, die Magma erstarrte später zu den typischen fünf oder sechseckigen Säulen, die wir mit Basalt verbinden, dem „Probierstein“ der Römer.

Tiefblau lockt der stille See im Zentrum des Parkgeländes. Er füllte sich in den tiefen Regionen der Förderstätte, als die unrentabel gewordene Knochenarbeit im Grubenbetrieb ein-

Eindrucksvoll: 60 Meter hoch ist die Basaltwand (oben); mit der Rangierlok (unten links) waren einst die Steinbrecher unterwegsTipp

gestellt wurde. Rundum steigen die übrig gebliebenen Basalt- und Tuffgesteine auf, an einer besonders eindrucksvollen Wand bis zu 60 Meter hoch. Sie bilden immer neue Perspektiven in bizarren Formationen, geben zugleich den Blick in die feurige Vergangenheit der Gegend preis.

Schautafeln und Gesteinsbeispiele führen den Besucher auf den etwa einen Kilometer langen, nicht allzu beschwerlichen Rundweg hinein in die bewegte Erdgeschichte. Eine zum Klettern freigegebene Rangierlok, ein Grubenzug, allerhand Gerätschaften und das alte, stilecht aus Basalt gebaute Maschinenhaus lassen erahnen, unter welchen Bedingungen hier die Steinbrecher schufteten.

Westerwälder Basalt wird auch heute noch als Pflaster sowie beim Deichbau und bei Trockenlegungsmaßnahmen an der Nordseeküste verwendet. Betriebe wie der Marienberger produzierten seit den 1930er Jahren auch Schotter und Splitt für den Straßen- und Bahnbau.

Der Park ist das ganze Jahr über zugänglich – und ebenso eintrittsfrei wie der durchaus lohnende benachbarte Wildpark mit Wisent, Känguru, Lama, Steinbock, Wildschein, Reh und Hirsch, Fasan und Pfau, aber auch Esel, Rind, Schaf und Ziege (Rundweg 4 km). Einen Besuch wert ist auch die verkehrsberuhigte Einkaufszone des idyllischen Kneipp-Bads mit viel Westerwälder Fachwerk.

__Anfahrt:__ B 560 / A 8 über Hennef bis vor Altenkirchen, weiter auf B 414 nach Bad Marienberg, Richtung „Stadtmitte" halten, zum Basaltpark Beschilderung im Zentrum folgen, Zugang und Parkplatz gegenüber dem „Marienbad"; zu Fuß von der Stadtmitte ca. zehn Minuten

__Weitere Infos:__ Tourist-Information, Wilhelmstraße 10, 56470 Bad Marienberg, Tel. (02661) 70 31

www.badmarienberg.de

Nach seiner Sanierung erstrahlt der Altenberger Dom wieder in mittelalterlicher Reinheit

Fenster in allen Farben

Graf Adolf hatte drei Söhne – zuviel für das kleine Territorium, das er von seiner Burg „de monte", „von Berg" regierte. Als Adolf um 1115 starb, war Spross Bruno bereits gut versorgt, er saß auf dem Thron des Erzbischofs von Köln. Sohn Eberhard trat auf dem Rückweg von einer Pilgerreise ins Zisterzienser-Kloster Marimond in Burgund ein. So blieb für Adolf II. die Regentschaft über das „Bergische Land". Und weil es ihm bald zu eng wurde auf „de monte", ließ er sich deutlich repräsentativer in einem Schloss hoch über der Wupper nieder, heute ein Besuchermagnet unter dem Namen „Burg".

Die Liegenschaften an der Dhünn vermachten die Adligen dem Orden des Bruders Eberhard. So kamen die Zisterzienser ins Bergische. Sie de-

Prachtvoll: Im Westwerk des Doms befindet sich das mit 144 Quadratmetern größte Kirchenfenster in West- und Nordeuropa

montierten die Burg auf dem Fels und errichteten mit ihren Steinen unten im unwirtlichen Tal ein bescheidenes Kloster und eine kleine romanische Kirche. Hundert Jahre später zerstörte ein Erdbeben das Gotteshaus.

Es folgte eine größere, aber immer noch schlichte gotische Basilika, deren Grundstein 1259 der Kölner Erzbischof und Dom-Initiator Konrad von Hochstaden, wiederum ein Verwandter der Bergs, legte und die uns heute als Altenberger Dom erfreut. Nach langjähriger Sanierung erstrahlt eines der schönsten gotischen Bauwerke Deutschlands seit Ende 2005 wieder in mittelalterlicher Reinheit.

Obwohl auch Altenberg der napoleonischen Säkularisation zum Opfer fiel, das Inventar weitgehend verkauft und geplündert wurde und die stolze Kathedrale erst einmal zur Ruine verkam, sind große Teile der alten Bausubstanz erhalten geblieben, aber auch Teile der Innenausstattung gerettet worden. Der Wiederaufbau Mitte des 19. Jahrhunderts ist privater Initiative und dem preußischen Staat zu verdanken. Dessen protestantischer König Friedrich Wilhelm IV. machte sein Wohlwollen allerdings davon abhängig, dass die Kirche von beiden großen Konfessionen genutzt werden darf. So ist es bis heute geblieben.

Reine Gotik: Das mächtige Gotteshaus mit seinen eindrucksvollen Fassaden und Gewölben überragt die Klosterbauten

Das Eindrucksvollste an dieser Basilika, wie alle Zisterzienser-Bauten ohne Turm, ist die Glasmalerei (um 1397) im Westwerk, mit 144 Quadratmetern das größte Kirchenfenster in West- und Nordeuropa. Scheint die Sonne auf die Heiligen, leuchten die Farben in einmaliger Kraft. Die Brüder Eberhard, Bruno und Adolf haben im Altenberger Dom ihre letzte Ruhe gefunden, ebenso wie eine Reihe von weiteren Grafen, Herzögen und Bischöfen aus der Familie derer von Berg.

Anfahrt: *A 3/ A 1 Richtung Dortmund bis Abfahrt Burscheid (1. Abfahrt hinter Kreuz Leverkusen), von dort Altenberg ausgeschildert*

Tipps: *Kostenlose Kirchenführungen: Sa 11h (außer Januar), So & feiertags 13h + 15.30h (außer Dezember)*

Ein kleiner Kirchenführer (Faltblatt) liegt kostenlos aus, weiteres Material im Klosterladen

Einen Besuch wert ist der „Küchenhof“ mit Freiluft-Ausstellung von gotischen Maßwerk-Techniken

Mehrere bequeme Wanderwege von 500 m („Theodor-Heuss-Pädche“) bis 4 km ausgeschildert

Gastronomien am Ort

Weitere Infos: *Gemeinde Odenthal, Altenberger-Dom-Str. 31, 51519 Odenthal Tel. (02202) 710-0*

post@odenthal.de, www.altenberger-dom.de, www.odenthal.de

Werner P. D'hein
D'heins Regio-Tipps
Band 1
65 Ausflugsziele rund um Bonn

176 Seiten, kartoniert, zahlreiche Abbildungen und Karten, ISBN 978-3-416-03001-4
EUR 12,50

Werner P. D'hein
D'heins Regio-Tipps
Band 2

Nicht alltägliche Ausflugsziele in der näheren und weiteren Bonner Umgebung
176 Seiten
ISBN 978-3-416-03067-0
EUR 12,50